Louvor à Terra

Dados Internacionais de Catalogação na Publicação (CIP)
(Câmara Brasileira do Livro, SP, Brasil)

Han, Byung-Chul
  Louvor à Terra : uma viagem ao jardim / Byung-Chul Han ; com ilustrações de Isabella Gresser ; tradução de Lucas Machado. – 2. ed. revista – Petrópolis, RJ : Vozes, 2023.

  Título original: Lob der Erde

  2ª reimpressão, 2025.

  ISBN 978-65-5713-394-1

  1. Filosofia da natureza 2. Jardim – Filosofia I. Gresser, Isabella. II. Título.

21-76550 CDD-113

Índices para catálogo sistemático:
1. Filosofia da natureza   113

Cibele Maria Dias – Bibliotecária – CRB-8/9427

BYUNG-CHUL HAN
Louvor à Terra
Uma viagem ao jardim

Tradução de Lucas Machado

Revisada por Rafael Zambonelli

Petrópolis

© by Ullstein Buchverlage GmbH, Berlin. Publicado em 2018 por Ullstein Verlag

Tradução do original em alemão intitulado:
Lor der Erde – Eine Reise in den Garten

Direitos de publicação em língua portuguesa – Brasil:
2021, Editora Vozes Ltda.
Rua Frei Luís, 100
25689-900 Petrópolis, RJ
www.vozes.com.br
Brasil

Todos os direitos reservados. Nenhuma parte desta obra poderá ser reproduzida ou transmitida por qualquer forma e/ou quaisquer meios (eletrônico ou mecânico, incluindo fotocópia e gravação) ou arquivada em qualquer sistema ou banco de dados sem permissão escrita da editora.

CONSELHO EDITORIAL

Diretor
Volney J. Berkenbrock

Editores
Aline dos Santos Carneiro
Edrian Josué Pasini
Marilac Loraine Oleniki
Welder Lancieri Marchini

Conselheiros
Elói Dionísio Piva
Francisco Morás
Teobaldo Heidemann
Thiago Alexandre Hayakawa

Secretário executivo
Leonardo A.R.T. dos Santos

PRODUÇÃO EDITORIAL

Aline L.R. de Barros
Anna Catharina Miranda
Eric Parrot
Jailson Scota
Marcelo Telles
Mirela de Oliveira
Natália França
Priscilla A.F. Alves
Rafael de Oliveira
Samuel Rezende
Verônica M. Guedes

Revisão técnica de: Anna Carolina Gressler Bressan (botanista)
Diagramação: Sheilandre Desenv. Gráfico
Revisão gráfica: Jaqueline Moreira
Projeto gráfico de capa: Pierre Fauchau
Adaptação de capa: Editora Vozes

ISBN 978-65-5713-394-1 (Brasil)
ISBN 978-3-550-050038-1 (Alemanha)

Este livro foi composto e impresso pela Editora Vozes Ltda.

Índice

Prefácio, 9

Viagem de inverno, 13

Jardim de inverno, 16

O tempo do outro, 22

De volta à terra, 28

Romantização do mundo, 36

Cerejeira-de-inverno, 41

Acônitos-de-inverno e hamamélis, 49

Forsítia-branca, 57

Anêmonas, 61

Camélias, 64

Borrazeiros, 67

Açafrões, 73

Hostas, 75

Sobre a felicidade, 84

Belos nomes, 87

Victoria amazonica, 91

Açafrões-do-prado, 97

Um diário do jardineiro, 102

Referências, 193

Índice de Imagens, 195

Pergunta, pois, ao gado e ele ensinar-te-á,
às aves do céu e informar-te-ão.
Fala à terra, ela te dará lições,
os peixes dos mares te hão de narrar:
quem não haveria de reconhecer que tudo isso é obra da mão de Deus?

(Jó 12,7-9).

Prefácio

Certo dia senti um anseio profundo, ou mesmo uma necessidade aguda de estar próximo à Terra. Assim, tomei a decisão de jardinar todos os dias. Por três primaveras, verões, outonos e invernos, ou seja, por três anos trabalhei no jardim que chamei de *Bi-Won* (que, em coreano, significa *jardim secreto*). Na placa em forma de coração que meu antecessor fixou em um arco de rosas, ainda está escrito *Jardim dos Sonhos*. Eu a deixei assim. De fato, meu *jardim secreto* é também um jardim dos sonhos, pois lá eu sonho com a *Terra por vir*.

O trabalho de jardinagem era, para mim, uma meditação silenciosa, um demorar-se no *silêncio*. Ele permitia ao tempo *demorar-se e tornar-se perfumado*. Quanto mais trabalhava no jardim, mais respeito eu tinha pela Terra, por sua beleza encantadora. Nesse meio-tempo, fiquei profundamente convencido de que a Terra é uma criação divina. O jardim me ajudou a chegar a essa convicção, ou melhor, a uma compreensão que agora se tornou para mim uma certeza, assumindo um *caráter de evidência*. Evidência significa, originalmente, *ver*. Eu *vi isso*.

Passar o tempo no jardim florescente me fez devoto novamente. Eu acredito que houve e que *haverá* o *jardim do Éden*. Eu acredito em Deus, no criador, nesse *jogador*, que sempre recomeça e, assim, tudo renova. O ser humano, como sua criação, também tem a obrigação de *jogar junto*. O trabalho ou o *desempenho* destrói o jogo. Ele é um fazer cego, nu, sem fala.

Algumas linhas do presente livro são preces, confissões, até mesmo declarações de amor à Terra e à natureza. Não há evolução biológica. Tudo se deve a uma *revolução divina*. Eu *experimentei isso*. A biologia é, em última instância, uma *teologia*, uma *doutrina de Deus*.

A Terra não é um ser morto, sem vida e mudo, mas um ser vivo eloquente, um organismo vivo. Mesmo a pedra vive. Cézanne, que era obcecado com a Montagne de Sainte-Victoire, sabia do segredo e de uma especial *vivacidade e força das rochas*. Lao Zi já ensina:

> O mundo é como uma concha
> misteriosa. Nunca se pode pegá-la.
> Quem quiser compreendê-la a perderá.

Como uma concha misteriosa, a Terra é frágil. Hoje, estamos explorando-a brutalmente, levando-a ao exaurimento e, assim, destruindo-a completamente.

Da Terra parte um imperativo de cuidar dela, ou seja, de tratá-la bem. Em alemão, o cuidar [*Schonen*] possui um parentesco etimológico com o belo [*Schöne*]. O belo nos obriga e até mesmo nos ordena a cuidar dele. Deve-se lidar com o *belo de modo cuidadoso*. É uma tarefa urgente, uma obrigação da humanidade *cuidar* da Terra, pois ela é bela, *magnífica*.

O cuidado demanda o louvor. As seguintes linhas são hinos, cânticos à Terra. Este *louvor à Terra* deve soar como uma bela *canção da Terra*. Mas, para alguns, ele dever ser lido como uma má notícia, tendo em vista as violentas catástrofes naturais que nos assolam hoje. Elas são a resposta furiosa da Terra à falta de consideração e à violência humanas. Perdemos completamente a veneração pela Terra. Não a *vemos e ouvimos* mais.

Oleaceae

Jasminum nudiflorum

Viagem de inverno

Tenho um amor especial pela *Viagem de inverno* de Schubert. Cantei frequentemente sobretudo a canção *Sonho de primavera*.

> Sonhei com flores coloridas,
> Tal como elas em maio florescem;
> Sonhei com prados verdes,
> Com alegres chilros de pássaros.
>
> E, quando os galos cacarejaram,
> Meus olhos então se abriram;
> Estava frio e escuro,
> Grasnavam os corvos no telhado.
>
> Mas, nos vidros da janela,
> Quem pintou as folhas?
> Vocês riem do sonhador
> Que viu flores no inverno?

Por que começo um livro sobre o jardim com o inverno e com a *Viagem de inverno*? Afinal, o inverno significa o fim absoluto do tempo de jardinagem. Não tenho a intenção de contar aqui meus sonhos de primavera ou então, na esteira de Wilson Bentley, que fotografou cinco mil cristais de neve, de me dedicar às flores de gelo.

O inverno de Berlim é terrível, devastador. O fogo do inferno seria mais suportável do que esse eterno frio úmido e escuro. A luz parece ter se extinguido totalmente.

> Não é nada além do inverno,
> O frio e selvagem inverno!

Em vista do eterno cinza do inverno berlinense, desperta um *desejo metafísico* por um jardim claro e florescente em meio ao inverno.

O jardim ideal de Bertolt Brecht não prevê, infelizmente, nada para os meses frios de inverno. Ele floresce apenas de março a outubro:

> Junto ao lago, entre pinheiro e álamo
> Protegido por muros e sebe, um jardim
> Tão sabiamente formado com flores mensais
> Que floresce de março a outubro
> (Brecht, 2012, p. 325).

Evidentemente, falta-me aquela sabedoria do jardineiro, pois tomei a decisão de fazer um jardim que floresce *permanentemente*, de janeiro a dezembro. Eu prefiro a metafísica, o desejo metafísico, à sabedoria do jardineiro, ao seu "desapego".

Jardim de inverno

A câmara clara de Roland Barthes também é animada por aquele desejo metafísico. Ele é um livro do luto, um trabalho de luto. Ele invoca a mãe morta com a qual viveu por toda a sua vida. O livro tem como base uma fotografia em torno da qual Barthes gira insistentemente, chegando até a abraçá-la, idolatrá-la, mas que não está reproduzida no livro. *Ela brilha por sua ausência*. Ela mostra sua mãe como uma menina de cinco anos no *jardim de inverno*.

> No fundo do jardim de inverno, se encontra minha mãe, seu rosto está embaçado, desbotado. Em um primeiro momento, eu estava arrebatado: "É ela! É ela mesmo! É ela enfim!"

Barthes distingue dois elementos da fotografia: *studium* e *punctum*. O *studium* se refere às informações que se pode extrair dela. É assim que se pode estudá-la. O *punctum*, em contrapartida, não fornece nenhuma informação. Ele significa, literalmente, o *picado*, e vem da palavra latina *pungere* (picar). Ele afeta e comove o observador.

O *punctum* de *A câmara clara* é, para mim, o jardim de inverno com a mãe, sua única amada, que não foi reproduzido. Vejo, agora, o jardim de inverno de uma maneira dupla. Ele é um lugar simbólico da morte e da ressurreição, um lugar do trabalho de luto metafísico. *A câmara clara* é, a meus olhos, um jardim florescente, uma *luz clara* na escuridão invernal, uma vida em meio à morte, uma festa da vida que desperta novamente em meio à vida fatal de hoje. Uma luz metafísica transforma a *chambre noire* em uma *chambre claire*, em um *claro jardim de inverno*.

Roland Barthes amava canções românticas. Ele teve aulas de canto. Eu gostaria de tê-lo ouvido cantar. Tenho frequentemente a sensação de que Barthes escreve cantando ou canta escrevendo. *A câmara clara* é, ela mesma, uma espécie de ciclo romântico de canções, com quarenta e uma canções/capítulos. A canção vinte e nove se chama *A pequena menina*.

A câmara clara soa, para mim, como uma *viagem de inverno*. Roland Barthes viaja em busca de sua mãe, de sua amada, através do "reino dos Mortos". Em busca da *verdade* da mãe, ele se entrega a uma peregrinação sem fim.

> Eu tampouco podia excluir de minha observação o fato de que eu tinha descoberto essa foto ao recuar no Tempo. Os gregos entravam de costas no reino dos Mortos: o que eles tinham diante de si era o seu passado. Dessa maneira, atravessei uma vida, não a minha, mas a de uma pessoa que eu amava.

A fotografia do jardim de inverno seria "como a última música que Schumann escreveu antes de afundar na insanidade, esse primeiro Canto do Amanhecer, que estava em consonância com o ser de minha mãe e, ao mesmo tempo, com o pesar que sua morte provocava em mim". *Os cantos do amanhecer*, um ciclo de cinco pequenas peças para piano, são a última obra para piano de Schumann. Três dias antes de sua tentativa de suicídio, ele os caracterizou como "coleção de peças musicais que retratam as sensações suscitadas pela aproximação e pela chegada da manhã". A primeira reação de Clara Schumann a essa composição foi de perplexidade: "Peças muito originais, como sempre, mas difíceis de compreender, elas têm uma atmosfera tão singular."

Os cantos do amanhecer são dominados pelo anseio de que a vida desperte novamente e ressuscite. São cantos do luto. Pode-se perceber uma melancolia profunda. São cantos sobre morte e ressurreição. As *Canções espanholas* de Schumann já cantavam a espera ansiosa pela manhã, pela vida que desperta novamente:

> Quando, quando chegará a manhã,
> Quando afinal, quando afinal!
> Que livrará minha vida dessas amarras?
> Vós, olhos meus, turvos de sofrimento,
> Vistes apenas tormento em vez de amor,
> Não vistes sequer uma alegria,

> Vistes apenas feridas sobre feridas
> Dando-me dor sobre dor,
> E na longa vida
> Nenhuma hora feliz.
> Se, finalmente, acontecesse
> De eu ver tal hora
> Quando eu não puder mais ver!
> Quando chegará a manhã
> Que livrará minha vida dessas amarras?

Uma aura de mistério ronda o primeiro *Canto do amanhecer*. A melancolia abissal se salva, então, em um delírio. Ela é interrompida por momentos de júbilo contido e por instantes de glorificação e êxtase, nos quais irrompem na escuridão os primeiros hesitantes raios de luz.

Aquele amanhecer é um pré-tempo, que é anterior ao tempo habitual e no qual o tempo passado, o tempo da vida e da morte, é superado. Esses *Cantos do amanhecer* animam, determinam o *tom* da minha fantasia do jardim de inverno florescente. Eles constituem a tonalidade afetiva fundamental do presente livro.

Flos glacialis

O tempo do outro

Vivo muito mais intensamente as estações do ano no jardim. Igualmente grande é também o sofrimento em vista do inverno que se aproxima. A luz se torna mais fraca, rarefeita e pálida. Eu nunca tinha prestado tanta atenção na luz. A luz moribunda me é dolorosa. No jardim, as estações do ano são percebidas, antes de tudo, corporalmente. O frio gélido da água do barril que armazena água da chuva penetra profundamente no corpo. No entanto, a dor que sinto nesse caso é reconfortante e até mesmo revigorante. Ela me devolve a realidade e a corporeidade que hoje se perdem cada vez mais no mundo *digital bem-temperado*. Esse mundo não conhece temperatura, dor nem corpo. Mas o jardim é rico em sensibilidade e materialidade. Ele *contém muito mais mundo* do que a tela.

A partir do momento em que começo a trabalhar no jardim sinto o tempo de outra maneira. Ele passa de modo essencialmente mais lento. Ele se dilata. Parece que falta uma eternidade até a próxima primavera. A próxima folhagem de outono parece estar a uma distância inimaginável. O verão também está infinitamente longe de mim. Já o inverno dura eternamente. O trabalho no jardim invernal o prolonga. Nunca o inverno me pareceu tão longo como em meu primeiro ano de jardineiro. Sofri muito sob o frio e a geada persistente, não por minha causa, mas sobretudo por causa das flores de inverno, que se mantinham floridas mesmo em meio à neve e à geada persistente. Meu cuidado, que era uma preocupação, era, antes de tudo, com as flores. O jardim me afasta mais um pouco de meu ego. Não tenho filhos. Mas com o jardim estou aprendendo lentamente o que significa o cuidado, a preocupação com o outro. O jardim tem sido um lugar de amor.

O tempo do jardim é o *tempo do outro*. O jardim tem o seu tempo próprio, do qual não posso dispor. Cada planta tem o seu tempo próprio. No jardim, muitos tempos próprios se cruzam. Açafrões-de-outono e açafrões-da--primavera têm uma aparência similar, mas possuem um *senso do tempo* inteiramente diferente. É espantoso que cada planta tenha uma *consciência do tempo* bem marcada, talvez até mais do que o ser humano, que hoje se tornou, de alguma maneira, *sem tempo*, *pobre de tempo*. O jardim torna possível uma experiência intensiva do tempo. Durante o meu trabalho no jardim tornei-me *rico em tempo*. O jardim para o qual se trabalha dá muito em troca. Ele me dá *ser e tempo*. A espera incerta, a paciência necessária, o crescimento lento produzem um senso do tempo especial. Na *Crítica da razão pura*, Kant descreve o conhecimento como uma atividade remunerada. Ele trabalha, segundo Kant, por uma "aquisição realmente nova". Na primeira edição da *Crítica da razão pura*, Kant fala em "cultivo" em vez de "aquisição". O que poderia ter levado Kant a substituir, na segunda edição, "cultivo" por "aquisição"?

"Cultivo" talvez lembrasse demasiado a Kant da força ameaçadora do elemento, da *Terra*, da incerteza e imprevisibilidade que lhe são imanentes, da resistência, do poder da natureza, que teria perturbado sensivelmente o sentimento de autonomia e de liberdade do sujeito kantiano. O assalariado urbano poderá realizar o seu trabalho independentemente da alternância das estações, o que é impossível para o camponês que está sujeito ao seu ritmo. Possivelmente, a espera ou a paciência, que Kant rebaixa a "virtude feminina", mas que se deve ter diante do lento crescimento daquilo que é confiado à Terra, são estranhas ao sujeito kantiano. A incerteza a que o camponês está sujeito talvez lhe parecesse insuportável.

Em *Amor e conhecimento*, Max Scheler aponta para o fato de que Agostinho "atribui, de modo estranho e misterioso", às plantas uma necessidade "de serem vistas pelos seres humanos, como se, por meio do conhecimento de seu ser guiado pelo amor, ocorresse-lhes algo análogo à redenção". O conhecimento não é aquisição, não é *minha* aquisição, *minha* redenção, mas a redenção do *outro*. Conhecimento é amor. O olhar amoroso, o conhecimento guiado pelo amor redime as flores de sua falta de ser. Portanto, o jardim é um *lugar de redenção*.

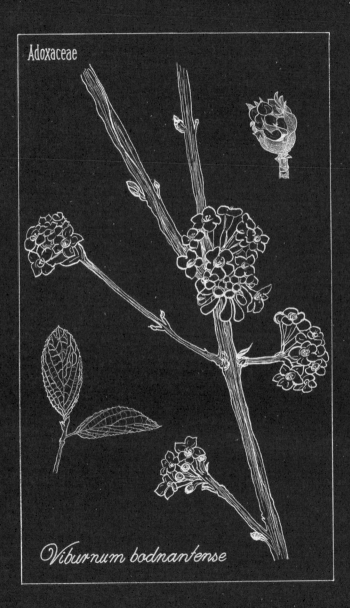

De volta à Terra

> *Chamávamos à Terra de uma das flores do céu, e ao céu chamávamos de jardim infinito da vida.*
> Friedrich Hölderlin, *Hyperion*.

Adorno fornece uma explicação filosófica para a paixão que nutro por Schubert. "Diante da música de Schubert", segundo Adorno, "as lágrimas caem dos olhos sem antes consultarem a alma." Choramos, então, sem saber *por quê*. A música de Schubert desarma o eu como "sujeito de ação". Ela comove o eu e desencadeia um choro quase pré-reflexivo, como um reflexo.

Debulhado em lágrimas, o eu renuncia à sua superioridade e toma consciência de seu próprio caráter natural. Chorando, ele retorna à Terra. Para Adorno, a Terra é o polo oposto do sujeito que põe a si mesmo absolutamente. Ela o liberta de seu aprisionamento em si mesmo.

> A lembrança da natureza dissolve a obstinação de sua autoposição: "As lágrimas brotam, a Terra me tem novamente!" Nesse momento, o eu sai, espiritualmente, de seu aprisionamento em si mesmo.

A digitalização do mundo, que equivale a uma humanização e subjetivização totais, leva a Terra ao completo desaparecimento. Nós a revestimos com a nossa própria retina. Com isso, tornamo-nos cegos em relação ao *outro*.

> Quanto mais densamente os seres humanos tiverem recoberto com a rede categorial o que é distinto do espírito subjetivo, mais fundamentalmente eles terão se desacostumado do espanto com aquele outro e se enganado, com uma familiaridade cada vez maior, em relação ao estranho.

Em francês, digital é *numérique*. O numérico desmistifica, despoetiza, desromantiza o mundo. Ele o priva de todo mistério, toda estranheza, e transforma tudo no conhecido, no banal, no familiar, no curtir, no igual. Tudo se torna *comparável*, ou seja, *igualável*. Em vista da digitalização do mundo, seria necessário *rerromantizá-lo*, redescobrir a Terra, sua *poética*, devolver-lhe a dignidade do misterioso, do belo, do sublime.

Pela primeira vez na vida cavei no solo. Com a pá, cavei fundo na terra. A terra cinza e arenosa que ia aparecendo era estranha para mim, quase assombrosa. Fiquei espantado com o seu peso misterioso. Topei com muitas raízes enquanto cavava e, no entanto, não consegui atribuí-las a nenhuma planta ou árvore nas redondezas. Então, ali embaixo havia uma Vida misteriosa, que, até então, me era desconhecida.

O solo de Berlim é muito especial. Ele se formou por meio de depósitos de areia durante a era glacial. Esses solos também são chamados de bancos de *geest* ou bancos arenosos. O termo deriva do baixo-alemão *gest*, que significa seco ou estéril.

Berlim se encontra em um vale glacial, que surgiu há aproximadamente dezoito mil anos, no fim do último período glacial, conhecido como Glaciação Vistuliana. O vale era um canal de drenagem pelo qual as águas de degelo do manto de gelo fluíam na época da moreia lateral de Frankfurt. Ele se formou junto com o vale glacial de Baruth, situado mais ao sul, no estágio de Brandemburgo da Glaciação Vistuliana e serviu como rota de drenagem em direção à bacia do Mar do Norte.

Quando nos ocupamos mais detidamente com a história da Terra, sentimos uma profunda veneração pela Terra, que, hoje, infelizmente está entregue a uma exploração total. Ela está sendo arrasada por completo. Deveríamos reaprender a nos espantar com a Terra, com sua beleza e estranheza, com sua unicidade. O que vivencio no jardim é que a Terra é magia, enigma e mistério. Se a tratarmos como recurso a ser explorado, já a teremos destruído.

O *Cemitério de São Mateus*, em Schöneberg, se encontra em uma colina. A Rua Grossgörschen, que leva ao cemitério, eleva-se ligeiramente ali. Foi nesse lugar que a água do degelo formou uma encosta. O cemitério fica nessa encosta. Nele, estão enterrados os Irmãos Grimm e Immanuel Hegel, um dos filhos de Hegel. No alto da encosta, Schöneberg alcança sua maior altitude em relação ao nível do mar. No passado longínquo, a água do degelo corria pela levemente inclinada Rua Langenscheidt, localizada nas proximidades.

Frequentemente, toco a terra com fascínio e a acaricio. Cada broto que emerge da terra é, para mim, um verdadeiro milagre. É incrível que, em pleno universo frio e escuro, haja um lugar da vida como a Terra. Devemos sempre estar conscientes de que existimos em um planeta pequeno, mas florescente, em um universo de resto sem vida, que somos um ser planetário. É necessária uma *consciência planetária*. É lastimável que a Terra seja tão brutalmente explorada hoje. Ela está quase sangrando até a morte. Por exemplo, travam-se batalhas sangrentas com soldados-crianças entupidos de drogas para conseguir os assim chamados metais de terras raras. Hoje, perdemos toda sensibilidade para a Terra. Não sabemos mais o que é a Terra. Nós a concebemos apenas como um recurso que, na melhor das hipóteses, devemos tratar de modo sustentável. *Cuidar* da Terra significa devolver-lhe sua essência. Assim escreve Heidegger a respeito da salvação da Terra:

> Os mortais habitam à medida que salvam a terra, tomando-se a palavra salvar em seu antigo sentido, ainda usado por Lessing. Salvar não diz apenas erradicar um perigo. Significa, na verdade: deixar alguma coisa livre em seu próprio vigor. Salvar a terra é mais do que explorá-la ou esgotá-la. Salvar a terra não é assenhorear-se da terra e nem tampouco submeter-se à terra, o que constitui um passo quase imediato para a exploração ilimitada. Os mortais habitam à medida que acolhem o céu como céu. Habitam quando permitem ao sol e à lua a sua peregrinação, às estrelas a sua via, às estações dos anos as suas bênçãos e o seu rigor, sem fazer da noite dia e nem do dia uma agitação açulada (Heidegger, 2012, p. 130).

Desde que comecei a trabalhar no jardim, carrego comigo uma sensação estranha, uma sensação que eu não conhecia antes e que sinto também de modo fortemente corporal. É uma *sensação da Terra*, que me deixa feliz. Talvez a Terra seja um sinônimo para a felicidade que hoje se afasta de nós cada vez mais. *Retornar à Terra* significa, por conseguinte, *retornar à felicidade*. A Terra é a fonte da felicidade. Hoje, nós a abandonamos, sobretudo devido à digitalização do mundo. Não recebemos mais essa força revigorante da Terra que nos traz felicidade. Ela é reduzida ao tamanho da tela.

Para Novalis, a Terra é um lugar da redenção e da bem-aventurança. Em seu romance *Heinrich von Ofterdingen*, um velho mineiro canta uma bela *canção da Terra*:

> O senhor da Terra
> É quem mede suas profundezas
> E toda queixa
> Em seu ventre despeja.
>
> Ele está aliado a ela
> Em íntima confiança,
> E por ela arde
> Como se ela fosse sua prometida.

Romantização do mundo

Novalis define o romantismo do seguinte modo:

> Na medida em que dou ao comum um sentido elevado, ao costumeiro um aspecto misterioso, ao conhecido a dignidade do desconhecido, ao finito um brilho infinito, eu o romantizo (Novalis, 2021, p. 129).

O jardim invernal é um lugar romântico. Todo indício de vida florescente em pleno inverno tem algo de misterioso, mágico, fabuloso. O jardim invernal florescente conserva o *brilho romântico do infinito*.

A *flor azul* é símbolo central do romantismo. Ela representa o amor e a nostalgia, e encarna o desejo metafísico pelo infinito. No *Heinrich von Ofterdingen*, de Novalis, há uma cena de sonho, na qual aparece para o protagonista a flor azul:

> Uma espécie de doce cochilo o envolveu, no qual ele sonhou com eventos indescritíveis e do qual foi despertado por uma outra iluminação. Ele se encontrou em um gramado macio à beira de uma fonte que jorrava para o ar e parecia nele se consumir. Rochas azul-escuras com veias coloridas erguiam-se a alguma distância; a luz do dia que o cercava era mais brilhante e suave que o normal, o céu era preto azulado e completamente puro. No entanto, o que o atraiu com toda força foi uma alta flor azul-claro, que estava próxima à fonte e o tocou com suas largas folhas brilhantes. Ao seu redor, havia inúmeras flores de todas as cores, e o aroma delicioso enchia o ar. Ele não viu nada além da flor azul e a contemplou por muito tempo com ternura inexprimível. Finalmente, ele quis se aproximar dela, quando de repente ela começou a se mover e a se transformar; as folhas ficaram mais brilhantes e se curvaram

> ao crescente caule, a flor se inclinou
> em sua direção, e as pétalas mostraram
> uma gola azul estendida, na qual um
> rosto delicado flutuava.

Seria muito romântico um jardim cheio de flores azuis. O seu modelo real deve ter sido o heliotrópio, *Heliotropium arborescens*. Ele também se chama solstício e possui um cheiro suave de baunilha. Por isso também se chama flor-de-baunilha. Essa flor romântica de Novalis floresce em meu jardim ao lado de fidalguinhos e linhos que também são flores azuis.

O poema *A flor azul* é de Eichendorff. O tema da flor azul se transforma, no romantismo, em símbolo da nostalgia e peregrinação eternas em busca da felicidade:

> Procuro a flor azul,
> Procuro e nunca a encontro,
> Sonho que na flor
> Floresce para mim minha felicidade.
>
> Erro com a minha harpa
> Por países, cidades e veigas,
> Quiçá em alguma parte
> A flor azul eu veja.

> Já erro há muito tempo,
> Há muito espero, confio,
> Mas, ai!, em parte alguma até agora
> Vi a flor azul.
>
> Erro com a minha harpa
> Por países, cidades e vejo
> Se em nenhum lugar em volta
> A flor azul cortejo
> Erro já há muito
> Há muito espero e confio
> Mas, ah! Nunca vi ainda
> A flor azul a que me fio.

Segundo a doutrina das cores de Goethe, o azul, ao contrário do amarelo, tem algo de obscuro. O azul exerce sobre o olho "um efeito estranho e quase inexprimível". O azul é, "de certo modo, em sua pureza suprema, um nada estimulante". Uma expressão belíssima: *um nada estimulante*. O próprio romantismo é um nada estimulante. O azul possui "algo de contraditório entre estímulo e tranquilidade ao ser contemplado". O azul é, acima de tudo, uma cor da distância. Por isso, amo essa cor do romantismo. Ela desperta uma nostalgia.

> Assim como vemos azuis o céu no alto e as montanhas distantes, uma

superfície azul também parece recuar diante de nós. Assim como gostamos de seguir um objeto agradável que foge de nós, também gostamos de ver o azul, não porque ele nos insta, mas porque nos atrai para si.

O azul é a cor da sedução, do desejo e da nostalgia. Ele é o oposto do amarelo. Na verdade, não gosto do amarelo, pois ele é "cor mais próxima da luz". Sou um homem noturno. Evito a luz ofuscante. Sinto-me protegido na escuridão noturna. Então, durmo a manhã toda. Prefiro as sombras claras à luz do sol. O amarelo é para mim radiante e despreocupado demais. Embora não seja minha cor, eu lhe dou muito espaço em meu jardim invernal, pois muitas flores de inverno são amarelas, como os acônitos-de-inverno e os jasmins-de--inverno. Nenhuma outra cor é capaz de trazer mais luz ao inverno do que o amarelo. Por isso ele também é a cor da esperança.

Cerejeira-de-inverno

Com peras amarelas
E cheia de rosas silvestres
Pende a terra sobre o lago,
Ó cisnes graciosos,
E embriagados de beijos
Mergulhais a cabeça
nas águas de sagrada sobriedade.

Ai de mim, onde encontrarei, quando
Chegar o inverno, as flores, e onde
O brilho do sol,
E as sombras da terra?
As muralhas se assomam
Mudas e frias, ao vento
As bandeiras tilintam.
Friedrich Hölderlin, *Hyperion*.

Nos *Sofrimentos do jovem Werther*, de Goethe, há um louco que busca flores para sua amada no inverno:

> Pobre coitado! E como invejo também sua melancolia, a confusão de seus sentidos na qual definha! Você parte cheio de esperança de colher flores para sua rainha – no inverno – e lamenta, pois não encontra nenhuma, e não compreende por que não consegue encontrar nenhuma.

Poder-se-ia pensar que as flores no inverno não passam de sonhos e ilusões. Mas não é preciso ser um sonhador para ver flores no inverno, pois há realmente muitas plantas que preferem, justamente, florescer no inverno. Algumas flores de inverno desafiam até mesmo a geada persistente. Há inúmeras flores de inverno que também florescem na neve. Isso é muito reconfortante.

Meu trabalho de jardim, que começou no verão, foi desde o início planejado para fazer o jardim florescer no inverno. Eu estava absolutamente obcecado e mesmo inebriado por essa ideia. Minha ambição era reunir todas as flores de inverno em meu jardim.

Antes de descrever as flores de inverno, gostaria de mencionar as margaridas. Alegrei-

-me muito quando elas começaram a florescer na grama. Eu as achava bonitas, pois são tão singelas e discretas. No entanto, logo descobri que elas suplantam a grama e vicejam. Então as declarei ervas daninhas e tentei removê-las da grama por todos os meios. Recorri até à química, aos herbicidas. Mas agora, no inverno, voltei a me afeiçoar a elas e pedi desculpas pela minha atrocidade, pois elas florescem intrepidamente durante o inverno. Elas desafiam o frio que aniquila a vida. Seu belo nome botânico, *Bellis perennis*, a bela perene, remete a esse longo tempo de florescimento. Ela é uma flor que é dotada de um desejo metafísico, uma verdadeira flor platônica. Algumas continuam a florescer imperturbadas em meio à geada de inverno. Na próxima primavera e no próximo verão não serei tão hostil com elas e de bom grado as deixarei na grama para que enfrentem corajosamente o inverno. A bela perene deveria se sentir bem em meu jardim. E ervas daninhas não perecem. Por conseguinte, a *Bellis perennis* é uma imagem da imortalidade.

Quando, após as primeiras geadas, o jardim começou a mergulhar em desolação, o jasmim-de-inverno (*Jasminum nudiflorum*) me proporcionou uma grata surpresa. Em pleno frio de inverno, ele florescia com um amarelo resplandecente. Seus belos ramos de um verde intenso também conferiam ao jardim invernal uma atmosfera de primavera. O jasmim-de-inverno se assemelha à forsítia. No entanto, diferentemente das flores de quatro pétalas da forsítia, suas flores possuem cinco ou seis pétalas. O jasmim-de-inverno é um verdadeiro milagre. Em pleno inverno, ele invoca a primavera. O que é fascinante no jasmim-de-inverno é que as suas flores só se abrem aos poucos. Para mim, ele é a flor da esperança por excelência. Por muito tempo ele assegurou que o meu jardim de inverno florescesse.

Proveniente da China, o jasmim-de-inverno só chegou à Europa em 1844. *Os sofrimentos do jovem Werther*, de Goethe, foi publicado em 1774. Portanto, o louco do romance não poderia ter descoberto a flor de inverno de um amarelo resplandecente. Eu o teria presenteado de bom grado com um ramo florido do jasmim-de-inverno para que ele fizesse sua amada feliz.

Uma flor de inverno especial é a cerejeira-de-inverno (*Prunus subhirtella autumnalis*). Ela é uma cerejeira, mas prefere florescer no inverno em vez de na primavera. Por isso ela também é chamada de cerejeira-da-neve. Em dezembro ela já está em floração. Minha festa das cerejeiras começa no inverno profundo.

No início de janeiro veio a temida geada persistente. A temperatura caiu para menos de dez graus negativos. A geada persistente durou mais de duas semanas. Também nevou muito. Contra as expectativas, o jasmim-de-inverno não conseguiu resistir à geada persistente. Suas flores de um amarelo resplandecente morreram. As cerejeiras-de-inverno e os viburnos perfumados, que, por causa do inverno ameno, floresceram muito cedo, tampouco conseguiram enfrentar a geada persistente. Suas flores ficaram marrons e moles. No fim das contas, foram os acônitos-de-inverno, os galantos, as urzes-de-inverno e as hamamélis que, apesar da neve e da geada persistente, conservaram bravamente sua forma e cor. Eles asseguraram que não houvesse um único dia em que nada florescesse em meu jardim invernal. Mesmo no inverno mais profundo, meu jardim florescia.

Acônitos-de-inverno e hamamélis

O inverno também pode ter um aroma. O inverno não é um deserto sem aroma. Uma floricultura classifica os aromas de inverno da seguinte maneira:

> No JARDIM: galantos, acônitos-de-inverno, viburno perfurmado e hamamélis. CAMPO E NATUREZA: neve e arvoredo. FAZENDAS: silagem, feno, vacas, cavalos e festa do abate.

Como não gosto especialmente do cheiro de animais e de carne, considerarei como aromas de inverno apenas os aromas de plantas e a neve. Mas que aroma tem a neve? Mesmo que eu fosse cego e surdo, poderia perceber imediatamente, em uma manhã de inverno, que nevou muito durante a noite. O aroma da neve é tão discreto, tão delicado quanto o aroma do tempo, quanto o aroma da manhã que desperta, de modo que apenas poucos são capazes de notá-lo.

Há muitos mais aromas de inverno do que apenas acônitos-de-inverno, viburnos perfumados ou hamamélis. A madressilva (*Lonicera fragrantissima*), por exemplo, tem um aroma magnífico como o de limão. Já a flor de inverno chinesa (*Chimonathus praecox*) tem um cheiro forte de almíscar.

Acônito-de-inverno é um nome muito bonito. Em latim, ele se chama *Eranthis hyemalis*. O botânico Joachim Camerarius, o Jovem, o trouxe, já no século XVI, da Itália para a Alemanha e o cultivou em seu jardim em Nuremberg. O acônito-de-inverno é uma flor de neve. *Hyemalis* significa "de inverno". *Eranthis* é composto das palavras gregas *éar*, "primavera", e *anthe*, "flor". O acônito-de-inverno floresce de fevereiro a março. No meu jardim, as flores desabrocharam já no fim de dezembro. Elas têm uma aparência muito divertida. A flor amarela, que parece quase alegre, irradia sobre a folhagem verde-escura em forma de gorjeira. Nos dias de inverno quentes e ensolarados, ela atrai as primeiras abelhas. Em maio, suas folhas já ficam amarelas. E, em junho, ela se recolhe inteiramente na terra para a longa estivação. Os acônitos-de-inverno possuem uma bela cápsula em forma de estrela. Ela mesma se parece com uma flor. O acônito-de-inverno claramente detesta o verão. Sinto que somos afins. Eu também prefiro o frio ao calor. Se eu fosse uma flor, gostaria de florescer em meio ao inverno.

Os acônitos-de-inverno são vendidos como pequenos bulbos. Eles se parecem com pedrinhas. Eu me perguntei: como pode surgir uma vida desta coisa morta? Na loja de jardinagem, eles são vendidos em sacolas. Só mais tarde fiquei sabendo que os bulbos secos jamais germinariam. Então arranjei bulbos frescos com um vendedor de bulbos de flores. Eles tinham uma aparência completamente diferente e já tinham pontos brancos. Inclusive, um outro vendedor, especialista em acônitos-de-inverno, os vendia apenas em vasinhos.

Aqui, são conhecidos apenas os acônitos-de-inverno amarelos do sul da Europa. A espécie proveniente da Turquia, *Eranthis cilicica*, não se distingue essencialmente deles. Ela só floresce um pouco mais tarde do que o *Eranthis hyemalis*. Mas há ainda muitas outras variedades de acônitos-de-inverno. O *Eranthis Lady Lamortagne* gera uma flor cheia. O *Eranthis Schlyters Triumph* tem uma flor amarelo-alaranjada. Tenho essas duas variedades no jardim. Gostaria de ter no meu jardim um acônito-de-inverno branco. O *Eranthis pinnatifida* vem do Japão e tem flores brancas. O acônito-de-inverno branco da Coreia do Norte, *Eranthis stellata*, também é maravilhoso de se ver. Essas espécies são muito mais graciosas do que o *Eranthis hyemalis*. Perguntei a um especialista em flores de inverno em Potsdam se ele conhecia os acônitos-de-inverno brancos. Ele disse que sim. Ele tentou cultivá-los várias vezes. Mas, segundo ele, fracassou, porque as condições climáticas na Alemanha são totalmente distintas. O inverno do Extremo Oriente é muito seco. Os acônitos-de-inverno brancos não suportam a umidade fria do inverno de Berlim. Este ano, a loja de bulbos berlinense *Albrecht Hoch*, que existe desde 1893, pôs em oferta os acônitos-de-inverno brancos do Japão. Encomendei imediatamente alguns bulbos. Espero que eles floresçam nos dias quentes do inverno que está por vir.

Muitas flores de inverno têm um caráter semelhante. Elas são quase todas venenosas, não apenas os acônitos-de-inverno, mas também açafrões, rosas-de-natal e galantos. Agrada-me sobretudo o caráter da rosa-de-natal. Como eu, ela não gosta de viajar. É preciso deixá-la onde ela está. O transplante é um veneno para ela. Ela não gosta de ser perturbada.

Ao lado dos acônitos-de-inverno e das hamamélis, os galantos são verdadeiras flores de inverno. Eles resistem sem problemas à neve e a temperaturas muito abaixo de zero. Há diferentes variedades. Algumas têm uma aparência realmente fascinante. Em meu jardim, tenho um galanto com listras laranjas. Os galantos sonham em pleno inverno, com a cabeça inclinada tão pensativamente.

O galanto também é chamado de "menina bonita de fevereiro". Ele parece tímido com a cabeça abaixada. Para mim, os galantos não anunciam a primavera. Eles são, antes, uma vida que desperta em meio ao inverno. Eles parecem muito mais sublimes do que os acônitos-de-inverno. É impressionante que, mesmo em meio à neve e à geada, eles afirmem sua cor e forma.

A hamamélis merece uma atenção especial. Ela é uma verdadeira flor de inverno, pois é adaptada especificamente ao inverno e a temperaturas negativas. Como sugere seu nome em alemão, "noz mágica", seus arbustos têm algo de mágico. Sim, elas parecem mesmo enfeitiçadas. Elas já florescem a partir de dezembro. No outono, plantei duas hamamélis em meu jardim. Elas têm flores vermelhas. Mais tarde, somou-se a elas uma hamamélis amarela. Ela exala um aroma magnífico. A hamamélis que se pode adquirir por aqui é um cruzamento da hamamélis japonesa com a chinesa. É interessante que muitos arbustos que florescem no inverno provenham do Extremo Oriente. Na verdade, o desejo metafísico é estranho aos asiáticos. Então, por que elas florescem nessa estação hostil à vida?

As flores de hamamélis têm uma aparência muito peculiar, quase engraçada. Elas são compostas por fios encrespados. Quando a temperatura fica abaixo de zero, os fios se enrolam. Quando fica mais quente, elas se desenrolam novamente. O nome botânico da hamamélis é *Hamamelis*. *Hama* significa junto e *melon*, que frutifica. Elas têm esse nome porque duas frutas amadurecem em uma cápsula. Elas representam, então, um casal de amantes. Provavelmente é o amor que faz com que elas floresçam mesmo nessa estação hostil à vida. Portanto, a hamamélis é a flor da fidelidade.

Lendas e mitos crescem em torno de algumas plantas. Por exemplo, à mandrágora, com suas raízes que se assemelham a seres humanos, se atribui um efeito mágico. Segundo a crença popular, o barulho ensurdecedor produzido por suas raízes quando puxadas levaria à morte. As plantas são muito sensíveis. Plantei muitas mandrágoras no jardim. Mas elas não prosperaram e morreram todas. Claramente, meu jardim ama o *silêncio*.

Não posso esquecer de contar sobre a anêmona-hepática. Eu a obtive com o jardineiro de quem comprei acônitos-de-inverno e adônis-de-primavera. No que diz respeito a anêmonas-hepáticas, ele é um verdadeiro mestre e escreveu um grande dicionário sobre elas. A anêmona-hepática é uma das flores mais bonitas do meu jardim. Não é raro que, em pleno inverno, ela produza uma flor azul resplandecente. Ela é, para mim, a Flor Azul por excelência. A planta parece muito frágil e como que evanescente. Eu amo sua elegante fraqueza. Ela tem apenas poucas folhas graciosas em forma de fígado.

Forsítia-branca

Nutro um amor especial pela forsítia-branca (*Abeliophyllum distichum*). Ela vem de minha terra natal, a Coreia. É uma espécie endêmica, ou seja, aparece apenas em uma região claramente delimitada espacialmente. Ela floresce apenas em sete locais (habitats) no centro da Coreia do Sul. No entanto, eu a encontrei em um arboreto de Berlim. Sua flor é branca como a neve e tem um cheiro muito sutil de amêndoa.

Em coreano, ela se chama *Misonnamu*. Seus habitats na Coreia são protegidos como monumentos naturais. *Namu* é a palavra coreana para árvore. *Mison* significa, originalmente, um leque coreano tradicional. A forsítia-branca se chama *Mison*, porque suas frutas têm forma de leque. *Misonnamu* – um nome muito bonito. Se eu tivesse um filho, eu o chamaria de Namu. Se eu tivesse uma filha, eu a chamaria de Mison ou Nabi (Borboleta).

> Nabi: Por que há algo em vez de nada?
> A árvore... A borboleta...
> Namu: A borboleta existe para que a árvore não se sinta sozinha.
> Nabi: E a árvore?
> Namu: Para que a borboleta descanse do voo.

Naturalmente, não se deve esperar um esplendor estival e exuberante de flores no inverno profundo. O inverno gera apenas figuras delicadas, ternas, frágeis. Henry David Thoreau escreve em *Walden*:

> Muitos dos fenômenos que o inverno traz consigo são indizivelmente ternos, frágeis e delicados.

Todas as flores de inverno são, de algum modo, muito frágeis, delicadas e ternas. Por causa de seu recato, elas são, contudo, extremamente elegantes. Por isso eu as amo.

Quando passa a rigorosa geada persistente, meu jardim invernal faz surgir magicamente uma pequena primavera em pleno inverno. No início de fevereiro de 2016, os acônitos-de-inverno estavam repletos de flores. Eram maravilhosos de se ver. E havia galantos por toda parte. Eles pareciam tristes, com suas cabeças abaixadas. Eles também poderiam se chamar de *sininhos de luto*. Sobretudo na neve, eles têm uma aparência muito encantadora. Parecem amar absolutamente o frio de inverno. E a hamamélis continua a florescer vigorosamente. Ela faz o inverno desaparecer magicamente.

As margaridas também ignoram simplesmente o inverno. Sua presença duradoura faz inteiramente jus ao seu nome, *Bellis perennis*. A urze-de-inverno continua a florescer impassivelmente no início de fevereiro, como se não desse nenhuma atenção ao inverno. Também é digno de menção o rododendro pré-primaveril. No início de fevereiro, ele gera suas delicadas flores vermelhas.

Anêmonas

Em pleno inverno, ainda era um dia frio de fevereiro, fui muito surpreendido por uma pequena flor azul. Vi algo de um azul resplandecente no canteiro de flores ainda invernal. Era uma anêmona que floresceu cedo, *Anemone blanda*. Ela floresce até mais cedo do que o açafrão. Fiquei surpreso, pois, até então, só tinha tido anêmonas-do-japão no jardim. Por causa de sua aparência, a anêmona que floresce cedo se chama anêmona radiante. De fato, ela irradia um azul-violeta resplandecente em pleno frio de inverno. Ela se aventura em direção à luz do dia assim que os primeiros raios de sol começam a derreter o manto de neve. Para mim, a anêmona radiante, ao lado do acônito-de-inverno e do galanto, está indubitavelmente arrolada entre as flores de inverno.

Só agora compreendo o poema de Gottfried Benn, *Anêmona*.

> Comovedora: anêmona,
> A Terra é fria, é nada,
> logo murmura tua coroa
> Uma palavra de fé, de luz.
>
> Sobre a Terra sem bondade
> que só o poder conhece
> tua flor branda
> em silêncio foi semeada.
>
> Comovedora: anêmona,
> Portas a fé, a luz,
> que o verão um dia em uma coroa
> feita de grandes flores tecerá.

Quando li esse poema pela primeira vez durante meus estudos de germanística, que foi minha segunda especialização, eu sequer sabia como era uma anêmona. Apesar disso, o poema me agradou por causa de seu *páthos* notável. Como logo notei que flores aparecem frequentemente em poemas alemães, comprei, por pura necessidade, um dicionário de flores que eu consultava sempre que, em um poema, topava com uma flor desconhecida. Queria ao menos saber como ela era.

Naquele já mencionado dia de fevereiro, a Terra ainda estava, de fato, fria. Foi então que uma pequena flor azul brotou da terra. Ela era realmente comovedora. A anêmona azul como palavra de fé, de luz, se opõe ao nada invernal. Embora pareça tão delicada, ela tem em si algo de heroico. Mas, ao contrário de Gottfried Benn, eu não negaria à Terra toda bondade. A Terra não apenas é bondosa, como também é generosa e hospitaleira. Mesmo em pleno inverno ela gera uma vida que floresce magnificamente.

Camélias

Plantei algumas camélias no meu jardim. Elas também são flores de inverno. Quando o inverno é ameno, elas florescem em pleno fevereiro. No ano passado, o inverno foi muito frio. A temperatura chegou a ficar abaixo de menos quinze graus em alguns momentos. Protegi as camélias com velo. Apesar disso, elas quase congelaram. Elas simplesmente não combinam com o clima de Berlim. No entanto, seus botões permaneceram vivos. Mas só se abriram no fim da primavera. Suas flores brancas estavam tão mais bonitas. Elas sobreviveram ao inverno fatal. Seu florescimento me deixou feliz. O florescimento é uma embriaguez. Este ano cobri novamente as camélias com uma coberta para aquecê-las. Eu as protejo. Elas são minhas protegidas especiais.

No sudeste da Coreia do Sul, em Busan, na cidade do festival de cinema mais famoso do Extremo Oriente, há uma ilha que se chama Ilha de Camélias. O festival de cinema ocorre não tão longe dela. Eu gostava de visitar a ilha. Ela é repleta de árvores de camélias. O clima em Busan é bem ameno. Então elas florescem magnificamente à beira-mar em pleno inverno.

Borrazeiros

> *Oh, foi com um pressentimento*
> *celestial que agora saudei novamente*
> *a primavera que se aproxima! Qual*
> *a música de cordas da amada, vinda*
> *de longe no ar silencioso quando tudo*
> *dorme, as suaves melodias da primavera*
> *ressoavam em torno do meu peito, como*
> *se vindas do Elísio, e escutei seu advento*
> *quando os ramos mortos se agitaram e*
> *um sopro suave tocou minha bochecha.*
> Friedrich Hölderlin, *Hyperion*.

Para mim, a primavera se anuncia acusticamente. Já em fevereiro, o arrulhar dos pombos tem de repente um outro timbre. Portanto, primeiro *ouço* a primavera que se aproxima. Também foi assim este ano. A primavera começou com um *som*.

A primavera chegou mesmo. Inacreditável. Em pleno inverno, para mim ela parecia estar *além do tempo, além do possível*. Ela se deslocava para um futuro distante. Enquanto trabalhava no jardim invernal, ela me parecia *impossível*.

Se o inverno é uma estação em que nada floresce, então não tive inverno este ano. No meu jardim havia sempre, mesmo em meio à geada persistente, uma flor, uma vida que florescia. Meu jardim de inverno transformou o inverno em uma primavera. Por isso, a verdadeira primavera é uma outra primavera, uma segunda primavera, uma primavera tardia, *serôdia*.

Em 2016, o primeiro dia quente de primavera foi o dia 28 de março. Nesse dia, fiquei quase tonto – havia dormido pouco – vendo os brotos que rebentavam por toda parte. Percebi uma verdadeira embriaguez nas plantas, que me contagiou. Ao mesmo tempo, essa embriaguez estava misturada com uma tímida hesitação. Eu estava um pouco atordoado, embriagado com a vida que despertava novamente. Assim, posso entender muito bem Hipérion:

> Lembrávamo-nos do maio passado, nunca tínhamos visto a Terra como naquele momento, pensávamos que ela havia se transformado, uma nuvem prateada de flores, uma alegre flama de vida, tudo se livra da matéria mais grosseira. Ah, tudo estava tão cheio de prazer e esperança, exclamou Diotima, tão cheio de um crescimento incessante e, no entanto, também tão sem esforço, tão sereno, como uma criança que brinca consigo mesma e não pensa em mais nada.
> Nisso, exclamei, eu a reconheço, a alma da natureza, nesse fogo silencioso, nessa hesitação em sua poderosa pressa.

Dos ramos, que pareciam inteiramente mortos, desperta uma nova vida na primavera. Do toco morto brota novamente um verde fresco. Pergunto-me por que esse espantoso milagre é negado ao ser humano. Ele envelhece e morre. Para ele, não há primavera, nenhum novo despertar. Ele murcha e apodrece. Está condenado a esse destino triste e, na verdade, insuportável. Nisso invejo muito as plantas, que sempre se renovam, revivem-se, rejuvenescem. Há sempre um novo começo. Por que ele é negado ao ser humano?

Hipérion também protesta:

> Tudo envelhece e rejuvenesce novamente. Por que somos excluídos do ciclo maravilhoso da natureza? Ou ele também vale para nós?

Se o maravilhoso ciclo da natureza também valesse para nós, um novo começo também seria possível para nós, um misterioso rejuvenescimento, uma ressurreição. Por que temos de nos tornar cada vez mais fracos, envelhecer incessantemente até desaparecer inteiramente sem qualquer possibilidade de retorno à vida? Por quê?

Rosas-de-natal, por exemplo, são praticamente imortais se forem deixadas em paz. Elas não gostam de nenhuma movimentação ou viagem. A mortalidade talvez seja o preço amargo pelo fato de termos nos separado da Terra, de circularmos livremente, de sermos independentes e *ficarmos de pé*. Por conseguinte, liberdade é mortalidade.

A embriaguez da primavera começou, de fato, com os borrazeiros. Até então não sabia o que seria deles. Eu os conhecia como botões aveludados ao toque que são vendidos nas floriculturas na primavera. Eu nem mesmo sabia que se tratava de botões. De certo modo, eu era indiferente não apenas em relação aos borrazeiros, mas em relação a todas as plantas. Hoje sinto essa antiga indiferença como uma cegueira vergonhosa, ou mesmo como um pecado.

Em um dia muito quente de primavera, os borrazeiros do meu jardim floresceram simultaneamente. Eles explodiram (não há expressão melhor). Cada borrazeiro fez incontáveis flores individuais com pólen amarelo aparecerem. Assim, ele se transformou em um cacho resplandecente de flores amarelas. O salgueiro parecia se entregar ao êxtase. Ele atraiu um gigantesco enxame de abelhas. Eu me perguntei de onde vinham as abelhas. Até pouco tempo atrás ainda era o frio inverno. Tinha a sensação de que elas surgiram do nada. Elas revoluteavam completamente embriagadas no mar de pólen. Em pouquíssimo tempo, o salgueiro foi esvaziado. Nunca tinha visto algo assim antes. Fiquei admirado com esse maravilhoso fenômeno natural.

Açafrões

Quando a primavera se aproxima, gosto de cantar o *Amor de poeta*, de Schumann. Nenhuma canção combina melhor com a primavera do que a primeira canção do *Amor de poeta*.

> No maravilhoso mês de maio
> Quando todos os botões desabrocham
> Meu coração se abriu.

Quando mais gosto de cantar essa canção é em um dia quente de março. Maio já é veranil demais para mim. De resto, a palavra "maio" remete ao deus italiano do crescimento. "Crescimento" não é uma palavra bonita, na verdade. Ela conota uma proliferação. Mas a primavera é *tímida, contida*.

Quando não vejo meu jardim por vários dias, sinto falta dele como de uma amada. Assim, a primavera é, para mim, um tempo especial. O amor floresce. Na primavera, meu amor pelo jardim é especialmente grande.

Quando ainda não tinha um jardim, na primavera eu ia frequentemente ao cemitério de São Mateus em Berlim-Schöneberg para admirar os primeiros açafrões. É preciso quase que flagrá-los no ato de florescer. Em um dia quente no inverno ou no comecinho da primavera, eles emergem da terra de modo extremamente repentino e abrem seus botões. Eles me alegram muito. Este ano, descobri já no fim de fevereiro duas flores que floresceram cedo, de fato as primeiras. Minha alegria foi muito grande.

Plantei muitos açafrões no meu jardim. Quando eles florescem na primavera, o jardim adquire um ar de conto de fadas. No inverno, os açafrões são um anúncio muito fidedigno da primavera. Este ano, plantarei *Crocus imperati*. O assim chamado *açafrão do diabo* supera, no que diz respeito à resistência ao frio, todos os outros açafrões. Mesmo menos quinze graus não são nada para ele. Ele é um verdadeiro açafrão de inverno. Assim, ele será o *imperador que floresce em silêncio* do meu jardim de inverno.

Hostas

Havia duas hostas na parte de trás do jardim, onde faz sombra, quando o assumi. Em um primeiro momento, não lhes dei atenção. Também não as achei particularmente bonitas e não reconheci nelas nenhuma elegância, nenhuma beleza. Minha primeira impressão foi que elas tinham algo de rude, de vulgar. Comparadas com a folhagem exuberante, suas flores eram realmente discretas. Não vi nelas senão uma proliferação de verde. As grandes folhas verdes, ou amarelas e coloridas, me passavam uma impressão grosseira, até mesmo bruta.

Hoje me envergonho de meu primeiro julgamento, de minha condenação das hostas. Foi errada e injusta. Ela se baseava em minha ignorância. Simplesmente fui cego à beleza das hostas. Agora retrato de bom grado meu julgamento. Nesse meio-tempo, me apaixonei verdadeiramente pelas hostas e plantei várias outras hostas. Agora já há dez hostas no meu jardim. Elas ficam realmente esplêndidas na parte com sombra do jardim. Sim, elas trazem um esplendor maravilhoso à sombra. Graças às hostas, a sombra fica com um aspecto esplêndido e verde-claro.

É muito aprazível observar o crescimento quase embriagante das hostas na primavera. As hostas possuem um rebento realmente marcante. Elas crescem exponencialmente e atingem um tamanho imponente já em maio. Seu crescimento quase eruptivo me impressionou profundamente.

Inicialmente, eu não sabia que as hostas, como muitas outras plantas de jardim, são provenientes do Extremo Oriente. Supostamente, também são nativas da Coreia, mas nunca as vi por lá. Cresci na metrópole de Seul. Quando era criança, não brincava na natureza, mas entre um rio, que foi degradado à condição de uma canalização fedida, e os trilhos do trem. Nas minhas recordações de infância há mais

fedor do que aroma. Não havia nenhuma natureza bela ao meu redor. Apesar disso, havia muitas libélulas. Eu amava especialmente as libélulas vermelhas. Em coreano, elas se chamam libélulas-chili. Nos caules das gramíneas que margeavam o caminho para a escola também descobri inúmeros gafanhotos e louva-a-deus. Mas esse era o máximo de natureza que eu tinha.

Em coreano, hostas são chamadas de 옥잠화 (玉簪花). O nome se baseia em uma lenda. Na China antiga havia um flautista maravilhoso. Em uma noite de lua, quando ele tocou uma bela melodia, apareceu para ele uma fada celestial. Ela lhe comunica que a princesa do céu gostaria de ouvi-la novamente. Então ele a tocou de novo. A fada celestial lhe agradeceu, tirou um grampo de jade de seu cabelo e o jogou para ele enquanto voava de volta para o céu. Mas o flautista não conseguiu pegar o grampo. Ele caiu no chão e quebrou. O flautista ficou muito triste com isso. No lugar em que a joia de cabelo caiu, cresceu uma planta cuja flor se assemelhava a ela.

As flores das hostas são muito bonitas. Ao contrário de sua poderosa folhagem, elas são extremamente delicadas, graciosas e parecem tão frágeis quanto a joia de cabelo da fada celestial. São belos sobretudo seus estames ligeiramente curvados para cima, que, de fato, lembram os grampos de cabelo coreanos antigos. Em geral, flores de hostas não têm aroma. No entanto, no meu jardim tenho uma hosta aromática. Ela se chama *So Sweet*. Mas eu não caracterizaria seu aroma como doce. Ele é elegante. A hosta aromática tem um cheiro semelhante ao do lírio, mas mais discreto, mais contido e suave.

Cuidei para que minhas hostas tivessem os melhores vizinhos. Entre os maravilhosos vizinhos das hostas estão: o não-me-esqueças, astilbes, campânulas, gerânios, gramíneas, samambaias e, para o outono, anêmonas e cimicífugas. Acrescentaria ainda a dedaleira. Duas dedaleiras crescem perto das hostas. As campânulas apresentam um magnífico brilho azul ao longo de todo o verão.

Amo muito as flores que amam a sombra. Byung-Chul significa precisamente "luz clara". Mas, sem sombra, a luz não é luz. Sem luz não há sombra. Sombra e luz precisam uma da outra. A sombra dá forma à luz. As sombras são seus belos contornos.

O nome da dedaleira em latim é *Digitalis*. A palavra "digital" remete ao dedo *digitus*, que é, sobretudo, o dedo utilizado para enumerar. A cultura digital faz com que o ser humano se atrofie até tornar-se uma pequena criatura dedo, por assim dizer. A cultura digital se baseia no dedo enumerador. Mas a história é narrativa. Ela não enumera. Enumerar é uma categoria pós-histórica. Nem *tweets* nem informações se reúnem para compor uma narrativa. A *timeline* tampouco narra a história de uma vida, uma biografia. Ela é aditiva, e não narrativa. O ser humano digital usa os dedos no sentido de que ele está constantemente enumerando e calculando. O digital absolutiza o número e a enumeração. Inclusive, os amigos no Facebook são, acima de tudo, enumerados. Mas a amizade é uma narrativa. A era digital totaliza o aditivo, a enumeração e o enumerável. Até mesmo os afetos são enumerados sob a forma de *likes*. O narrativo sofre uma perda massiva de importância. Hoje, tudo é tornado enumerável a fim de poder ser traduzido na linguagem do desempenho e da eficiência. Além disso, o número faz com que tudo seja comparável. Só o desempenho e a eficiência são enumeráveis. Assim, tudo que não é enumerável hoje cessa de ser. Mas *ser* é uma narração, e não uma enumeração. A esta falta a *linguagem*, que é história e rememoração.

Gosto de regar as hostas. Enquanto faço isso, observo como as gotas de água vão deslizando para baixo pelas amplas folhas. Regar as flores e contemplá-las ao fazê-lo traz ao mesmo tempo calma e alegria. Regar as flores é passar o tempo com as flores.

Em alemão, hostas também se chamam lírios do coração, pois suas folhas têm forma de coração. Suas flores se assemelham às flores de lírios. O perecimento das hostas é tão repentino quanto seu surgimento. A primeira geada já faz com que elas derretam até desaparecer, por assim dizer.

Ah, sim, as astilbes. Elas merecem um elogio. Em um primeiro momento, dei pouca atenção a elas. Mas, quando começaram a florescer, fiquei admirado com sua beleza. As panículas de flores coloridas brilham magnificamente. Não conhecia a vibração de suas cores. É espantoso que as astilbes também sejam nativas do Leste Asiático. Elas brilham esplendorosamente. Por isso também são chamadas em alemão de *Prachtspiere*, "pontinhas esplendorosas". Elas conferem à sombra, onde se sentem bem, um esplendor maravilhoso, uma claridade e festividade.

Em alemão, *Spier* significa literalmente ponta pequena e delicada. Na verdade, todas as flores do gênero *Spiraea* têm essa aparência. São flores muito pequenas. Sem meu jardim, nunca teria aprendido a palavra "Spier". Palavras como essa ampliam o *mundo* para mim. Não há apenas pontinhas esplendorosas, mas também pontinhas veranis ou pontinhas arlequinas.

A primavera chegou. Em maio já voltaram a florescer, quase como em êxtase, as plantas cujos ramos, no inverno, estavam secos e pareciam mortos ou haviam desaparecido, reduzidos a um toco feio. O jardim é um lugar extático para demorar-se.

Sobre a felicidade

> *Eles (as plantas e os animais) são o que nós fomos; são o que havemos de nos tornar novamente. Fomos natureza como eles, e nossa cultura deve nos levar de volta, por via da razão e da liberdade, à natureza. Portanto, eles são, ao mesmo tempo, a representação de nossa infância perdida, que será eternamente o que nos é mais caro; por isso nos preenchem com uma certa melancolia. Ao mesmo tempo, eles são representações de nosso acabamento supremo no ideal, e, por isso, nos levam a uma emoção sublime.*
>
> Friedrich Schiller

Todo dia que passo no meu jardim é um dia de felicidade. O presente livro também poderia ter se chamado *Ensaio sobre os dias felizes*. Frequentemente anseio por trabalhar no jardim. Até então não conhecia esse sentimento de felicidade. É algo muito corporal também. Nunca fui tão corporalmente ativo. Nunca toquei tão intensamente a terra. A terra me parece ser uma fonte de felicidade. Frequentemente fiquei espantado com sua estranheza, sua alteridade, sua vida própria. Foi somente com esse trabalho corporal que a conheci intensamente. Regar as flores enquanto as contemplamos traz uma alegria silenciosa e uma tranquilidade. Portanto, trabalhar no jardim não é uma expressão adequada. Trabalho significa, originalmente, tormento e fadiga. Em contrapartida, a jardinagem é algo que traz felicidade. No jardim, recupero-me da fadiga da vida.

Belos nomes

Em alemão, há nomes de flores maravilhosos, lúdicos e também misteriosos: a prímula também é chamada de "chave do céu"; a margarida, de "mil vezes bela"; a dama-entre-verdes, de "donzela do prado"; a *Iris susiana*, de "dama de luto"; a cruz de malte, de "amor ardente"; a *Erythronium dens-canis*, de "dente de cachorro"; a dormideira, de "não-me-toque"; a doce-amarga, de "sombra da noite". É quase impossível decorar todos os nomes de flores. Supõe-se que haja cerca de 250 mil espécies de flores no mundo. A totalidade de seus nomes excederia em muitas vezes o meu vocabulário em alemão.

Antes eu refletia muito sobre nomes próprios. Em meu livro *Rostos da morte*, escrevi:

> Em um conto, Walter Benjamin escreve: "Dizem que há dezessete espécies de figueiras na ilha. Seria

preciso conhecer os seus nomes – disse o homem que seguia seu caminho sob o sol". Portanto, cada espécie de figueira é singular e não intercambiável. A singularidade proibiria nomear as dezessete espécies de figueira com um só nome. A designação genérica suprimiria sua unicidade, sua respectividade e seu caráter de nome próprio. Por causa dessa singularidade, cada espécie de figueira mereceria seu próprio nome, um nome próprio: ela mereceria ser chamada e invocada pelo seu respectivo nome. Como se o nome fosse a cifra fugaz que garantisse o acesso à essência e ao ser, como se apenas a nomeação e a invocação pelo nome próprio atingissem sua essência. Violaríamos o ser de cada espécie de figueira se submetêssemos sua diversidade a um único nome, a uma única designação genérica. Só o singular pode ser invocado. Só a nomeação, a invocação pelo nome próprio, forneceria a chave para a experiência da respectiva espécie de figueira. Note-se que não se trata aqui de conhecimento, mas de experiência. Experimentar é uma espécie de invocação ou de evocação. O objeto

> de uma experiência autêntica, ou seja,
> da invocação, não é o universal, mas
> o singular. Somente este possibilita
> encontros.

Desde que comecei a jardinar, tento memorizar o maior número possível de nomes de flores. Eles tornaram o meu mundo consideravelmente mais rico. É uma traição às flores tê-las no jardim sem saber seus nomes. Sem nomes não é possível invocá-las. O jardim também é um lugar de invocação. A Diotima de Hölderlin é um modelo disso.

> Entre as flores, seu coração se sentia
> em casa, como se ele fosse uma delas.
> Ela chamava todas pelo nome, criava
> nomes novos e mais bonitos por amor
> e sabia exatamente qual era o tempo de
> vida mais jovial de cada uma delas.

Nietzsche compreende o ato de dar um nome como um exercício de poder. Os dominantes "marcam cada coisa e cada acontecimento com um som, como que se apropriando deles desse modo". Por conseguinte, a origem da linguagem é a "expressão de poder dos dominantes". As línguas são o "eco da mais antiga apropriação das coisas". Para Nietzsche, cada palavra, cada nome é uma ordem: *Tu deves te chamar assim!* Por conseguinte, nomes são grilhões. Nomear é apoderar-se.

Tenho uma opinião inteiramente distinta quanto a isso. Não percebo nenhuma ordem, nenhuma reivindicação de poder no belo nome de uma flor, mas um amor, um afeto. Diotima, como alguém que dá nomes, é uma amante. Por amor, ela dá às flores nomes mais bonitos. Nomes de flores são *palavras de amor*.

Victoria amazonica

Se o verão de Berlim fosse sempre muito quente e abafado e se eu tivesse um grande lago de jardim, gostaria de ver florescer nele uma ninfeia do Amazonas, a *Victoria amazonica* ou vitória-régia. Por acaso, a primeira palestra de filosofia que proferi, há vinte anos, no *Deutscher Kongress für Philosophie*, em Leipzig, era intitulada *Victoria amazonica*. A palestra se referia, de fato, à maravilhosa ninfeia gigante do Amazonas. Naquela época, eu ficava frequentemente em Basel. Basel tem um jardim botânico pequeno, mas muito bonito. Há uma casa de ninfeias lá, uma estufa para plantas aquáticas tropicais. Uma vez por ano, o jardim botânico também fica aberto à noite, para que se possa admirar a *Victoria amazonica*, que abre suas flores justamente à noite. Essa ninfeia me deu inspiração para uma palestra de filosofia. A palestra começava com as seguintes palavras:

> Há uma ninfeia do Amazonas que se chama Victoria amazonica. Quando o sol, Helios, o padrinho do Logos, se põe, o botão espinhoso da flor sai da água e se abre. Insetos são atraídos por seu aroma. Depois de um tempo, ela se fecha novamente. Os insetos enclausurados passam a noite lá e a polinizam. A flor da ninfeia é branca na primeira noite. Quando ela volta a se abrir na segunda noite, ela se colore de vermelho, como se estivesse embriagada. É espantosa essa mudança de cor.

e terminava assim:

> O que caracteriza o verdadeiro colecionador, para Walter Benjamin, é um estupor diante das coisas, a saber, a capacidade de inspiração que antecede a posse: "[O colecionador] mal tem em mãos [as coisas] e já parece inspirado por elas; parece, como um mago, ver através delas, em sua distância". A mão de Heidegger também pastoreia

a distância: "Refiro-me ao repouso de uma mão em que se recolhe o toque infinitamente distante de qualquer pegar (...)" (Heidegger, 2003, p. 85).

O jardineiro também é um colecionador. Ele se deixa inspirar pelas flores. Reflito sobre a mão do jardineiro. O que ela toca? Ela é uma mão amorosa, que espera, paciente. Ela toca o que ainda não está lá. Ela pastoreia a distância. Nisso consiste sua felicidade.

Eu realmente gostaria de ter um lago de jardim. Gostaria de ver florescer no lago uma ninfeia branca, uma *Nymphae alba*. Como é muito laborioso instalar um lago de jardim, em vez disso mandei trazer uma antiga bacia de calcário de Kaiserstuhl para o meu jardim. A bacia de pedra preenchida com água irradia uma bela tranquilidade. Dois peixinhos dourados japoneses nadam dentro dela.

Insetos também vêm ao meu jardim. Na Alemanha vi, pela primeira vez, uma grande libélula cinza. Ela é muito ágil. Fico feliz quando encontro pequenos gafanhotos enquanto trabalho no jardim. A budleia atrai borboletas ao meio-dia. Borboletas-pavão a amam. Como muitas outras flores, a budleia provém do Extremo Oriente. Talvez eu tenha um carinho especial por ela por causa disso.

Borboletas e abelhas são insetos bonitos. Mas também há insetos que não são bonitos, como lesmas, minhocas ou tatuzinhos-de-jardim. Afasto-me deles com certa aversão. Como não gosto de matar seres vivos, reuni diligentemente as lesmas e levei-as para longe. Amo animais e insetos. Mas tenho um pouco de dificuldade com moscas, pernilongos e lesmas.

Meu antecessor tinha quase só dálias no jardim. A primeira coisa que fiz foi removê-las completamente. As dálias têm algo de ordinário ou vulgar. Elas não são elegantes. Além disso, atraem lesmas. Desde que as retirei, raramente vejo lesmas. Amo caracóis com sua própria casa nas costas. Eles se assemelham a mim. Além disso, são tão lentos e morosos quanto eu. Para mim, as lesmas são nuas demais, desalojadas demais. Mas não sinto compaixão por elas. Elas são importunas demais para mim.

Curiosamente, na "Terra" de Heidegger não há insetos. Apenas um inseto aparece em Heidegger: o grilo. Mas ele só está presente como um belo som nos muros do templo. Para Heidegger, insetos são todos pragas no sentido original desse termo em alemão, ou seja, um animal inapropriado para o sacrifício. Os animais que Heidegger leva para sua Terra e para seu mundo são, sobretudo, animais sacrificiais, como o corço ou o touro. Eu amo belos insetos.

Um melro desgrenhado visita regularmente meu jardim. Eu o reconheço. Uma bela visita. Ele se sente bem no meu jardim. Nesse meio-tempo, identifiquei-me totalmente com ele.

Açafrões-do-prado

> *Não chorem quando o excelente murchar! Logo ele irá rejuvenescer! Não lamentem se a melodia de seu coração silenciar! Logo uma mão conseguirá afiná-lo novamente!*
>
> *Como eu era, afinal? Não era como um instrumento de cordas partidas? Ainda emitia algum som, mas eram sons de morte. Eu havia entoado um lúgubre canto do cisne! Teria gostado de tecer uma coroa de flores para mim, mas tinha apenas flores de inverno.*
>
> Friedrich Hölderlin, *Hyperion*.

No outono é grande o desespero. Tudo murcha. Todas as folhas caem ao chão.

> Aqui e ali ainda se pode ver
> Uma folha colorida nas árvores,

> E muitas vezes paro diante das árvores
> Perdido em pensamentos.
>
> Olho para uma única folha,
> Penduro minha esperança nela;
> Se o vento brinca com minha folha,
> Tremo tanto quanto posso tremer.

Há maravilhosas flores de outono que continuam florescendo, inabaláveis, até o inverno, como, por exemplo, as corriolas. Eu também incluiria as rosas entre as flores de outono. Elas continuam florescendo com vivacidade até chegar a primeira geada. Elas florescem até o inverno. Não é raro ver delicados botões de rosa cobertos por montinhos de neve. No meu jardim tenho alguns lugares para rosas, que desafiam o frio com sua beleza.

Não é necessário renunciar ao esplendor das flores durante o fim do outono. Há açafrões-de-outono e açafrões-do-prado (*Colchicum autumnale*). Os açafrões-de-outono se distinguem pouco, em aparência, dos açafrões-da-primavera. Já os açafrões-do-prado possuem flores significativamente maiores. Seus bulbos também são muito maiores. Em alemão, são chamados de "atemporais do outono". Que nome! Com suas flores fascinantes, eles fazem com que uma atemporalidade paire sobre o jardim. Na verdade, por causa de sua exuberância, eles não combinam com o final do outono. Tudo está condenado ao declínio. Eis que uma grande flor germina no solo já recoberto pela folhagem de outono. Ela cria um estado de ânimo peculiar no jardim. Onde a vida definha, uma nova e esplendorosa vida desperta. A luz que vai se tornando mais fraca e o ar mais frio já anunciam o inverno que se aproxima. Mas essa flor não se submete ao tempo. Ela é uma flor metafísica. Sua atemporalidade faz reluzir uma transcendência. O açafrão-do-prado confere ao jardim uma especial melancolia. Tento recorrentemente me colocar naquele estranho estado de ânimo do jardim. Ele é o estado de ânimo fundamental que domina o meu jardim e que está na base deste livro de jardinagem. Ele determina seu *estado de ânimo*. Ele não se atenua nem mesmo em plena primavera e em pleno verão. Está estreitamente ligado àquela peça para piano de Schumann, *Cantos do amanhecer*, que eu ouvia todos os dias naquela época. A espera ansiosa pela manhã, pela vida que desperta novamente, é o modo temporal do meu jardim de inverno.

O primeiro dia quente de verão do ano de 2016 foi o dia 22 de abril. Tive medo do iminente fim do verão.

> O verão estava agora prestes a acabar; eu já pressentia os lúgubres dias de chuva e o sibilar dos ventos e os estrondos dos regatos que se avolumam, e a natureza, que, como uma fonte espumante, precipitava-se sobre todas as plantas e árvores, penetrando-as, encontrava-se já diante de meus sentidos obnubilados, retraindo-se e fechada e ensimesmada, como eu mesmo.
> *Hyperion*

Um diário do jardineiro

É uma canção para as crianças
Que nascem e que vivem entre o aço
E o betume, entre o concreto e o asfalto
E que talvez nunca saberão
Que a terra era um jardim.
Havia um jardim que chamávamos de terra.
Ele brilhava sob o sol como um fruto proibido.
Não, não era o paraíso nem o inferno
Nem nada já visto ou já ouvido.
Havia um jardim, uma casa das árvores
Com um leito de musgo para fazer amor
E um pequeno riacho correndo sem uma onda
Vinha refresca-lo e seguia seu curso.
Havia um jardim grande como um vale.
Nele podíamos nos alimentar em todas as estações.
Sobre a terra ardente ou sobre a relva congelada
E descobrir flores que não tinham nome.
Havia um jardim que chamávamos de terra.

Era grande o bastante para milhares de crianças.
Foi habitado outrora por nossos avós
Que o receberam de seus próprios antepassados.
Onde está esse jardim onde poderíamos ter nascido?
Onde poderíamos ter vivido despreocupados e nus?
Onde está essa casa com todas as portas abertas
Que ainda procuro e não encontro mais?
Il y avait un jardin, Georges Moustaki
Chove sobre nossos rostos selvagens.
La pioggia nel pineto, Gabriele D'Annunzio

31 de julho de 2016

Os girassóis, que semeei na primavera do lado de fora da cerca do jardim, estão florescendo agora apesar dos caracóis famintos que amam tanto as suas sementes. Eles cresceram muito vigorosamente. Esses adoradores do sol cercam o meu jardim com seu amarelo radiante. Até mesmo se parecem com um sol radiante. Com frequência levanto a cabeça e olho para eles com espanto. Eles são *altos*. É um milagre que, de uma semente tão pequena, surja uma flor tão enorme. Segurei sua flor e fiquei espantado com sua firmeza, com seu arraigamento e sua terrosidade. Isso me fez bem e me deu um belo *solo*, do qual preciso hoje mais do que nunca.

As corriolas na cerca do jardim florescem com uma cor violeta. A sacada de meu apartamento de Basel, que não ficava longe da casa em que Nietzsche morou, era coberta de corriolas. Elas se abriam logo cedo e fechavam à noite. As corriolas agarravam-se ao lado direito de minha sacada, e as videiras, ao lado esquerdo. Entre elas, cosmos floresciam no outono. No canto direito, havia uma madressilva em um grande vaso. Ela morreu levando o amor consigo. Os relógios também pararam naquele momento. A dor foi muito grande.

As sempre-vivas florescem magnificamente em vermelho, amarelo e branco. Suas pétalas são tão secas ao tato quanto a palha. Parece que nunca vão murchar. Amo sua jovialidade e despreocupação. Elas são muito infantis. Elas não gostam de água em absoluto. Se chove ou se as rego, elas se enrolam. Sim, elas se encolhem como se sentissem dor. É triste que só durem um ano. Elas florescem para nunca mais florescerem de novo. Amo especialmente a sempre-viva branca.

O hibisco azul floresce. O hibisco é a flor nacional da Coreia. Em coreano, ela se chama *Mugungwha*. A rosa azul, chamada *Novalis*, também floresce. Azul é a cor do romantismo. Nobre e magnífica. Mas a palavra "nobre", por sua conotação senhorial, não combina com sua beleza. Falta-lhe a graça. A hortênsia azul brilha timidamente na sombra. Os cachos de uvas do *Muscat Bleu* amadurecem lentamente e vão ganhando uma coloração azul. A Suzana de olhos negros está em plena floração. Ela é a flor de verão por excelência. Com os seus olhos sorridentes, ela *resplandece* por todo o verão, até o outono. Ela parece tão despreocupada e jovial.

7 de agosto de 2016

O agnocasto começou a florescer. Em um primeiro momento, pensei que ele não resistiria ao inverno, pois seus ramos parecem muito ressequidos até o início do verão. No entanto, para minha surpresa, eles desabrocharam. Foi uma ressurreição prodigiosa. De hastes que parecem mortas surgiram rebentos verdes. Eles *vivem*. Agora eles florescem em um azul resplandecente.

Em alemão, o agnocasto também é chamado de árvore-casta, cordeiro-casto ou palha-do-leito-da-Virgem, porque ele supostamente enfraquece o impulso sexual. Assim, ele representa a castidade e a virgindade. A deusa Hera, que nasceu sob uma árvore-casta, unia-se a Zeus uma vez por ano. Depois disso, um banho no Rio *Imbrasos* renovava a sua virgindade. Agnocastos cresciam no jardim dos mosteiros da Idade Média ao lado de especiarias e plantas medicinais. Os monges misturavam às suas refeições as sementes de sabor picante como tempero. Elas produziam seu efeito anafrodisíaco. Entre os anafrodisíacos, que eram usados contra o "abjeto desejo da carne", estão também, além do agnocasto, arrudas, lúpulos, alcaçuz ou amaranto (*Amaranthus*). O médico grego Pedânio Dioscórides escreveu sobre o agnocasto no século I:

> Agnos, arbusto de cordeiro-casto,
> conhecido entre os romanos como
> pimenta selvagem, é um arbusto
> arbóreo que cresce à beira de rios
> e costas rochosas. Ele é chamado
> de Agnos porque as mulheres que
> preservam sua castidade o utilizam nas
> Tesmofórias como leito ou porque, se
> bebido, modera o impulso ao coito.

As maçãs estão ficando maiores e mais amarelas. São muito saborosas. Elas realmente são cheirosas. O jardim é um lugar de aromas. Tem cheiro de terra. Os morangos, as bagas cheirosas da terra vão se propagando. Em alemão, baga significa, originalmente, "a vermelha". Mas nem todas as bagas são vermelhas. Também tenho morangos brancos. Os pássaros não os comem, já que pensam que eles não estão maduros. Mas eles estão maduros e têm um gosto e cheiro doces. Por causa de sua cor, estão protegidos dos pássaros vorazes que comem todas as bagas do meu jardim, inclusive as uvas. Eles estão particularmente ávidos este ano. No entanto, têm um gosto refinado.

Eles comem apenas frutas maduras. Pepinos e tomates também estão se proliferando. Sua proliferação é desmedida. Eu não gosto dessa desmedida. A angélica-branca *So Sweet* exala um aroma magnífico.

12 de agosto de 2016

Um dia muito frio e outonal em pleno verão. As flores, que florescem magnificamente apesar do frio, compensam pela despedida prematura do verão. Este ano, o verão se despediu realmente muito cedo. Em pleno verão o clima já era de outono. As flores de outono vão aparecendo agora. As grandes flores do açafrão-do-prado parecem uma fruta exótica. Elas florescem festivamente, atemporalmente em pleno outono. O tempo festivo é atemporal. A festa promove a atemporalidade. Hoje, o tempo se totalizou em tempo de trabalho. Não há mais *festa*. Por isso, o tempo é mais efêmero do que nunca. Os açafrões-do-prado trazem luz e esplendor ao jardim outonal, de resto escuro.

23 de agosto de 2016

Fiquei muito triste com o fato de que as flores de verão pereceram rápido por causa do verão tão curto e frio. Elas não puderam se desenvolver totalmente. Elas murcharam rapidamente. Um frio inesperado trouxe, em pleno verão, um outono úmido e frio. Açafrões-do-prado, que, via de regra, florescem em setembro ou em outubro, estão florescendo agora em pleno verão. Um dos açafrões-do-prado parece um açafrão gigante. Um outro tem uma flor cheia.

A hortênsia aromática exala um aroma intenso, mas muito delicado. Ela tem cheiro de lírios. Os lírios sapo florescem na sombra. Eu amo flores de sombras. Eu fiz a sombra florescer. Lá florescem dedaleiras, campânulas, hostas, não-me-esqueças e anêmonas-do-Japão. Mas são as hortênsias que iluminam as sombras com sua claridade. Elas são embriagantes. Eu as amo. Aprendi a amá-las com o tempo.

19 de setembro de 2016

Já é pleno outono. O ar está muito frio. O pesar é grande. Anêmonas-do-Japão, cosmos, açafrões-do-prado e açafrões-de-outono florescem esplendorosamente. Eu trouxe da Coreia as sementes de cosmos. Então as cosmos coreanas estão florescendo este ano. Coreano é também, evidentemente, o manjericão de cheiro estranho que comprei no mercado de plantas do Jardim Botânico de Berlim.

Agnocastos, rosas, hostas vão perdendo lentamente sua força vital e de florescimento. Caryopteris, açafrões-do-prado, flocos, lobélias-azuis, Suzanas de olhos negros, angélicas-brancas e hortênsias estão completamente desbotados, as rosas e os gerânios dão ao jardim de outono um último brilho quente.

Nos últimos tempos eu me sentia como se fosse sangrar até a morte. A dor me fez permeável e vulnerável. A percepção ficou mais aguda. Tudo me doía de algum modo. Então, aconteceu um infortúnio.

No jardim há um belo salgueiro. Eu o amo muito. Eu fiquei aterrorizado quando o vi tombado um dia. Suas folhas pareciam secas. Evidentemente, um roedor havia roído seu tronco e feito um buraco. Era possível ver algo vermelho dentro do tronco, de modo que tive a sensação de que ele havia sangrado até a morte, que ele tinha me abandonado. Era a morte que se manifestava no meu jardim.

Meu salgueiro, meu amor, sangrou até a morte. A ferida era tão grande que não era possível salvá-lo. Ele provavelmente pressentia que morreria neste outono. No início do ano, ele delirava envolto por um enxame de abelhas.

No dia 25 de setembro de 2016 permaneci muito tempo, até anoitecer, ao lado do corpo de meu amado, fiquei de luto e chorei por ele com as anêmonas-do-Japão. O salgueiro sangrou até a morte no momento em que pensei que eu sangraria até a morte. Ele era o meu amor, que pensei estar perdido.

29 de setembro de 2016

Floresceram magnificamente as anêmonas-do-Japão, as cosmos coreanas e os açafrões-de-outono. Trouxe muitas sementes de plantas da Coreia para o meu jardim este ano, sobretudo sementes de perilla ou gergelim silvestre *Deulkkae*, *Kkaennip* (em japonês, *Egoma*). Suas folhas têm um sabor delicioso. Eu enrolo com uma folha um pouco de arroz com pasta de missô e enfio tudo na boca. Seu aroma é magnífico. Ele tem cheiro de terra, de sua profundidade e velamento. O calor da viagem harmoniza muito bem com a picância da folha de gergelim. Há muitas receitas de *Deulkkae*. As folhas com molho de soja são particularmente gostosas. São um de meus pratos favoritos.

Tempurá com *Kkaennip* também é delicioso. No fino e crocante invólucro de massa está contido um aroma estontante que se libera na boca. Em meu livro *Ausência* se lê:

> O tempurá também segue o princípio
> do vazio. Ele não tem aquele peso
> que adere às frituras na culinária
> ocidental. O óleo quente serve apenas

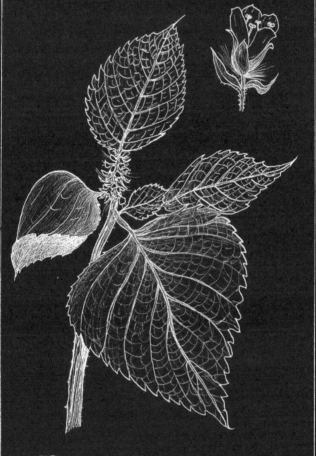

> para transformar a finíssima camada
> de farinha posta sobre os legumes ou
> frutos do mar em um aglomerado
> crocante de vazio. O recheio também
> obtém uma leveza deliciosa. Se se
> utilizar, como na Coreia, uma folha de
> gergelim para o tempurá, ela se dissolve
> no óleo quente em um verde quase
> incorpóreo e aromático. Na verdade,
> é uma pena que nenhum cozinheiro
> tenha tido a ideia de usar uma delicada
> folha de chá para o tempurá. Surge,
> então, uma iguaria feita de um mágico
> aroma de chá e de vazio, uma deliciosa
> refeição de ausência.

Colhi *Kkaennip* até o fim do outono. Infelizmente, as plantas não aguentaram a geada. Elas mirraram. Estão pendendo flacidamente. Aquele verde saboroso e aromático se tornou um cadáver marrom quase preto. Elas exalam um odor mórbido. Agnocastos, rosas e hostas perdem aos poucos sua força vital e de florescimento.

A Caryopteris azul floresce linda na sombra. E os flocos e as lobélias-azuis voltam a florescer. A suzana-dos-olhos-negros vai murchando aos poucos. Gerânios vermelhos parecem se sentir bem nestes frios dias de outono.

17 de outubro de 2016

Já há muita folhagem de outono no chão. As flores de hortênsia desbotam lentamente. Suas sépalas coloridas vão se transformando em folhas verdes. Em contrapartida, as campânulas, que são vizinhas das hortênsias, florescem em um violeta resplandecente. A angélica-branca continua florescendo quase obstinadamente. As outras hostas já carregam há muito tempo cápsulas de sementes. Eu amo minhas angélicas-brancas *So Sweet*.

No fim do verão, pensei que as rosas não cresceriam bem este ano. Elas não estavam tão ávidas por florescer como no último verão, que estava, de fato, repleto de rosas. Agora, no outono, elas voltaram a florescer. O frio parece até reavivá-las. É especialmente bonito observar as rosas à noite. Os açafrões-do-prado, que foram plantados tardiamente, já estão florescendo. Suas flores grandes e cheias são fascinantes.

Graças à jardinagem, conheço palavras novas, com as quais nunca me depararia de outro modo. Frequentemente, elas me alegram. Há diferentes espécies de hortênsias. Não há apenas arbustos, mas também lianas. Eu acho a palavra "lianas" maravilhosa. Lianas são trepadeiras com tronco lenhoso. Eu tenho duas hortênsias trepadeiras no jardim. As hortênsias possuem folhas opostas. Eu acho interessante o conceito de "oposto". Ele designa a *filotaxia* (*filo*, folha; *taxia*, disposição), uma determinada disposição das folhas. No tipo básico oposto, as folhas estão dispostas em pares opostos ao longo do caule. No tipo básico turbilhonado ou verticilado, mais de duas folhas crescem na mesma altura ao longo do caule. Eu conhecia a palavra "turbilhonado", já "verticilo" era desconhecida para mim.

Limbo, *lamina*, designa a parte achatada da folha sobre o pedúnculo. Ela é, por sua vez, subdividida na nervura foliar, que consiste nos feixes vasculares e nas zonas intercostais que ficam entre eles. A nervura foliar das hortênsias é geralmente peninérvea, mas em alguns tipos ela é acródroma. Na nervura foliar acródroma, os nervos laterais correm primeiramente paralelos às margens da folha e depois em direção a sua ponta. Essas palavras estrangeiras me fascinam. Frequentemente sou ávido por elas. As palavras se tornam cada vez mais complicadas e mais belas. Os feixes vasculares se encontram na fronteira entre o parênquima paliçádico e o parênquima esponjoso. Graças à jardinagem, mesmo falando alemão, que me é tão familiar, eu adentro uma bela língua estrangeira, um belo mundo estrangeiro. Uma só folha encerra tantas palavras estrangeiras. As folhas da hortênsia são frequentemente *serradas* na borda. Mas também há folhas com a borda lisa. Não há estípulas. O termo "estípula" designa crescimentos foliáceos na base da folha. Portanto, elas são falsas folhas, assim como os parélios são falsos sóis.

> Três sóis vi no céu,
> Longa e atentamente os fitei;
> E eles também ficaram lá tão imóveis,
> Como se não quisessem me deixar.

Ah, meus sóis vocês não são!
Olhem para o rosto de outros!
Sim, há pouco eu também tinha três;
Agora se puseram os dois melhores.

Se ao menos o terceiro partisse atrás deles!
No escuro eu estaria melhor.

As hortênsias têm inflorescências cimosas ou tirsoides. Fala-se em cimeira ou em inflorescência cimosa quando o eixo principal termina em uma flor. Tirso é a inflorescência composta por várias cimeiras em um eixo principal racemoso. Racemoso (do latim *racemosus*) significa "em cachos".

Uma flor perígina com ovário súpero é composta por um receptáculo, sépalas, pétalas, estames e carpelos. Em flores de hortênsia também pode haver brácteas. Na borda da inflorescência há flores estéreis. No seu interior encontram-se flores férteis, muito pequenas e discretas. As flores estéreis na borda possuem quatro ou cinco sépalas aumentadas em formato de pétalas brancas, vermelhas ou violetas. Em muitas hortênsias de jardim não

Hydrangeaceae

Hydrangea paniculata

há nenhuma flor fértil. As flores que se toma geralmente por flores de hortênsia não são propriamente flores. Elas são compostas por sépalas. A maioria das flores férteis é hermafrodita. Mas algumas espécies são unissexuais. Nesse caso, elas são dioicas, ou seja, apresentam sexos separados.

27 de outubro de 2016

Está muito úmido e frio. As rosas estão com as flores pendendo. Elas florescem com suas últimas forças. As folhas das hostas chegam a derreter completamente. Suas bordas amarelas estão ficando quase transparentes. A parte verde ficou totalmente amarela. Em meio à folhagem de outono, florescem açafrões-de--outono e açafrões-do-prado. Morte e nascimento, chegadas e partidas se misturam em uma profunda melancolia. Eu plantei os açafrões-do-prado em setembro. São belos seus brotos branco-violetas que emergem do solo no fim do outono. Algumas "plantas rasteiras" (que expressão fria!) também continuam a florescer no inverno. Eu amo especialmente a lobélia-azul, também conhecida em alemão como *Männertreu*, "fiel aos homens". Sua flor é de um azul resplandecente e tem a forma de uma orquídea. Ela floresce de um modo particularmente fiel. A lavanda ainda tem algumas flores esparsas. A sempre-viva[1] volta a florescer. É interessante que algumas flores, depois de murcharem, já se prestam a uma segunda floração. Eu amo essas *flores serôdias*.

18 de novembro de 2016

Escrevo estas linhas na escrivaninha *art nouveau* que comprei recentemente. Suas guarnições e chaves são maravilhosas. *Art nouveau* e *art déco* são meus estilos. Possuem uma beleza silenciosa, sóbria, retraída, mas exultante. Minha escrivaninha nova tem um

---

1. Aqui, o autor usa o termo *Strohhut*, que significa, literalmente, "chapéu de palha". Como não conseguimos encontrar nenhuma flor que correspondesse a esse nome em alemão, acreditamos ter se tratado de um erro e que o autor se refira, na verdade, às *Strohblumen* (literalmente, "flores de palha"), que são chamadas de "sempre-vivas" em português. [N.T.]

tampo em couro verde. As palavras escritas florescem nele como flores do prado.

Estamos em pleno outono, já é quase inverno. Chove a cântaros. Chuva fria. Está muito escuro, nublado e úmido. Nunca fica realmente claro, nem mesmo quando o sol brilha. Ele não tem mais luminosidade. Ele parece um disco opaco no céu. Passei horas varrendo a folhagem de outono. Quase todas as folhas já caíram agora. Não gosto nem um pouco de folhas de carvalho. Elas são muito grosseiras e robustas. Por isso elas também demoram a se decompor. Eu amo folhas delicadas e mais fracas que preferem desaparecer, unir-se rapidamente à terra, retornar à terra. As folhas de carvalho insistem. Por isso não as acho bonitas. Gostaria de queimá-las rapidamente.

No momento, as hortênsias estão com um aspecto deplorável. Suas folhas se tornaram marrons e negras. Decomposição e decadência por toda parte. Em um jardim comum não haveria mais nenhuma flor neste momento. Mas meu jardim é um jardim de inverno. No meu jardim começa uma nova e segunda primavera. Brotos verdes nascem por toda parte. Açafrões-de-outono florescem. O viburno perfumado tem botões de flor cheios. Logo florescerão cerejeiras-de-inverno, jasmins-de-inverno, acônitos de inverno, Adônis, galantos, chimonanthus, hamamélis e rosas-de-natal. No meu jardim há uma segunda primavera em pleno inverno.

27 de novembro de 2016

É bonita a flor do açafrão crocus, *Crocus sativus*. É um açafrão que floresce no outono. No meio das pétalas, encontram-se os estigmas de um vermelho resplandecente, os fios de açafrão. No entanto, a colheita é muito escassa. Para um quilo de açafrão são necessárias até duzentas mil flores. Por isso o açafrão é considerado um tempero de luxo da realeza. Ele também serve como remédio e é utilizado para a tintura de vestes valiosas. Os romanos esbanjavam açafrão. Para eles, açafrão significa luxo e dispêndio por excelência. Como signo de seu triunfo, Nero mandou polvilhar as ruas de Roma com açafrão.

O açafrão crocus parece amar o frio. Ele floresce em pleno frio invernal. São especialmente belas suas folhas estreitas e aciculares. No momento, ele floresce próximo a um açafrão-do-prado branco que floresceu tardiamente. Os açafrões-do-prado conferem ao jardim uma certa atemporalidade. Eles são os *Cantos do amanhecer*.

3 de dezembro de 2016

Está extremamente frio. As urzes-de-inverno florescem, brancas, amarelas e rosas. A geada parece não as afetar nem um pouco. Como são pacientes e resistentes ao sofrimento! Elas florescem frequentemente em túmulos. Prometem uma ressurreição. Arranquei uma flor de açafrão e a coloquei dentro do livro *Da sedução*, de Baudrillard. O próprio açafrão crocus na noite de inverno já é uma sedução. Sua figura ficou bem-marcada nas páginas 138 e 139. As linhas com cor de açafrão dizem:

> Há algo impessoal em todo o processo de sedução, assim como em todo

> crime; algo ritual, suprassubjetivo e suprassensual de que a experiência vivida, tanto do sedutor quanto da sua vítima, é apenas o reflexo inconsciente. Dramaturgia sem sujeito. Exercício ritual de uma forma em que os sujeitos se consomem. É por isso que o conjunto assume ao mesmo tempo a forma estética de uma obra e a forma ritual de um crime (Baudrillard, 1991, p. 114).

O poder de sedução da bela moça, sua beleza *natural*, tem de ser sacrificado e destruído por meio da dramaturgia e da estratégia engenhosas do sedutor. A arte do sedutor, que se vira sem psicologia, alma nem subjetividade, triunfa sobre o poder de sedução natural da bela moça. O sedutor é um sacerdote do sacrifício que se entrega ao processo ritualístico da sedução.

Hoje pude me demorar por um instante na ilusão de estar em plena primavera. Mesmo neste frio, as folhas aciculares do açafrão crocus brilham em um verde intenso. O nevoeiro gelado sobre a grama e a folhagem de outono cintila como diamantes, como estrelas no limpo céu noturno. Percebo as folhas de outono que brilham prateadas como a pele da amada que treme de frio e quer ser aquecida pelos meus dedos. Eu teria até mesmo beijado o chão cintilante.

Uma maçã enrugada ainda pendia da macieira sem folhas. Eu só a vi hoje e fiquei surpreso. Ela brilhava amarela na noite. A solitária maçã de outono é um presente, um louvor à Terra. Ela resplandecia, redimia a desolada noite de inverno, como se fosse o reflexo de uma luz metafísica, do belo, que ao mesmo tempo representa o bem.

12 de dezembro de 2016

Ainda há folhas de carvalho por toda parte. Eu as odeio. Elas destroem formas e cores que constituem o jardim. Transformam tudo no igual ao eliminarem o diferente. Estão mortas, mas não morrem. São os mortos-vivos do meu jardim. Em nossa sociedade atual, também proliferam mortos-vivos que tornam tudo igual. O neoliberalismo alemão, por exemplo, compreendido como um tipo odioso de floresta de carvalhos, assemelha-se às folhas de carvalho mortas-vivas, que aniquilam toda diferença e mesmo sua alteridade. Acaba de me ocorrer que, em alemão, a palavra "carvalho", *Eiche*, já está contida na palavra "igual", *Gleiche*.

Hoje removi quase furiosamente todas as folhas de carvalho do meu jardim. As que ficaram presas nos ramos de outras plantas, ou melhor, que haviam entrado à força ali, retirei uma por uma como que para executá-las. Por outro lado, as folhas de bordo me parecem mais nobres e refinadas do que as folhas de carvalho. As pequenas folhas amarelas de cerejeira também me agradam.

As hostas murchas estão totalmente pretas agora. Suas folhas pendem flacidamente. No entanto, elas irradiam uma beleza mórbida. Mesmo sem flores, o jardim invernal é magnífico de se ver. As carcaças das anêmonas-do-Japão murchas são tão belas quanto suas próprias flores. As gramíneas assumem um aspecto particularmente adorável justamente no inverno. As rosas-de-natal e as camélias resplandecem verdes ao seu lado. Somente flores de inverno mantêm seu verde intenso. Assim, a *Sarcococca humilis*, também chamada de "caixa de doces", e a andrômeda japonesa permanecem verdes no inverno. Eu deveria cobrir as camélias novamente com um quente manto de inverno. No ano passado, elas quase congelaram e só floresceram na primavera.

24 de dezembro de 2016

Na véspera de Natal, estava sozinho no jardim à noite. Iluminei o jardim com o refletor que usei para o meu filme. Instalei um filtro de luz do dia nessa lâmpada halógena. Assim, ela ilumina com uma bela luz branca. A luz do dia é mais bela do que a luz artificial. Enquanto filmava meu filme, *O homem que invade*, conheci a luz. Agora posso distinguir entre a luz bela e a não bela. Quando meu dentista estava examinando meus dentes com uma lupa com luz, interrompi o tratamento, porque a luz me parecia tão bela. Ele me contou que um colega construiu essa lupa com luz especificamente para ele.

A luz do dia noturna transforma o jardim em uma cena de filme. No entanto, o cenário no jardim estava muito desolador hoje. No ano passado, estava muito quente nessa época. Floresciam, então, acônitos-de-inverno, jasmins-de-inverno e cerejeiras-de-inverno. Agora, vejo apenas açafrões crocus quebrados. Mas é possível ver jovens brotos em toda parte. O viburno perfumado e a cerejeira-de-inverno estão prestes a florescer. A hamamélis também voltará a florescer vermelha e amarela em breve.

9 de janeiro de 2017

Um dia de inverno de um frio intenso, quase doloroso. A temperatura caiu abruptamente para abaixo de menos dez graus. O jardim está inteiramente coberto de neve. Uma profunda melancolia impera em toda parte. Eu gostaria de partir para uma eterna viagem de inverno.

No ano passado, entre o Natal e o Ano-Novo, floresceram acônitos-de-inverno, jasmins-de-inverno, cerejeiras-de-inverno, hamamélis e viburnos perfumados. O clima estava excepcionalmente ameno. Então houve uma primavera em pleno inverno.

Hoje, na noite extremamente fria e gélida, sofri muito com minhas plantas que amo. Eu sofri com minhas amadas. Terei de protegê-las em breve do frio mortal. Com as camélias é preciso ter uma preocupação especial. Vou cobri-las com meu edredom. Há plantas no meu jardim que precisam de muita proteção. Eu gostaria de dar-lhes calor. Amor também é preocupação. O jardineiro é um amante.

19 de janeiro de 2017

Uma noite extremamente fria, de um branco níveo. É um milagre que algumas flores de inverno floresçam apesar desse frio hostil à vida. A hamamélis e a rosa-de-natal florescem em plena neve. Celebram a ressurreição. Hoje é o meu dia de Páscoa. A flor da hamamélis brilha em um vermelho-púrpura. A rosa-de-

-natal ilumina a noite com suas flores brancas. É difícil distinguir entre o branco da neve e o branco da rosa-de-natal.

29 de janeiro de 2017

As flores das rosas-de-natal foram quase ultracongeladas. Mas elas conservam obstinada e heroicamente sua forma e sua cor. São belos seus inúmeros botões brancos na escuridão noturna. Elas trazem *ser* ao nada invernal. Nessa medida, são *metafísicas*. Elas *transcendem* a *physis*, que está entregue à transitoriedade. Eliminam a melancolia invernal ao resplandecer. As flores de inverno são sublimes, numinosas. São *númens do meu jardim*.

Na lápide de Rilke está escrito: "Rosa, ó pura contradição, prazer". A rosa-de-natal no meu jardim é verdadeiramente uma contradição à morte, uma resistência florescente à decadência e decomposição. Ela é prazer, prazer da vida em pleno inverno hostil à vida. Ela é quase *imortal*. Ela encarna a pura *vontade de ser*. Seu florescer é um delírio, um sonho acordado embriagante, mas, ao mesmo tempo, melancólico, em plena escuridão invernal. Ela gera, como o açafrão-do-prado, uma maravilhosa atemporalidade no meu jardim.

Os cristais de gelo sobre a grama ainda verde e congelada cintilam de maneira mágica entre camélias e hamamélis. Parecem estrelas no céu noturno. Assisto feliz ao jogo de luz noturno.

Em pleno inverno, anseio por flores, por vida florescente. Elas me fazem muita falta neste momento. Sinto sua falta quase corporalmente. Sim, eu as desejo como a amantes. Em pleno inverno, anseio por cores, formas e aromas.

Nesse meio-tempo, penso que não nos tornamos necessariamente mais felizes hoje. Afastamo-nos cada vez mais da Terra, que poderia ser uma fonte de felicidade.

27 de fevereiro de 2017

Depois de um eterno frio hostil à vida, chegou hoje o primeiro dia claro de primavera em pleno inverno. Percebi uma estranha vibração do ar e da luz. Os raios de sol também provocavam uma sensação inteiramente diferente. Quando caíram sobre a minha bochecha, senti a auspiciosa primavera por vir. A luz tinha uma outra intensidade, uma outra disposição. *Algo ficou diferente.* Acônitos-de-inverno estão florescendo. Pode-se quase vê-los crescer e florescer. As rosas-de-natal também florescem aos montes. A hamamélis amarela e com um aroma delicado é mágica.

As flores de inverno já atraem abelhas. As abelhas hibernam mesmo? Elas surgem tão repentinamente em pleno inverno. Elas voam ao redor das rosas-de-natal e dos acônitos-de--inverno. Hoje fui arrebatado por essa vista. Ajoelhei-me e beijei cada flor. Também beijei o botão da flor de adônis que brilhava prateado.

2 de março de 2017

Hoje eu estava novamente no jardim ainda invernal. Neste momento, sinto especialmente falta de meu jardim, pois é precisamente no inverno que ele gostaria de ser cuidado, contemplado, ou seja, amado por mim. Afinal, ele é literalmente um jardim de inverno. O adônis tem um botão sedoso e de um brilho prateado. Fui quase arrebatado por sua beleza. No ano passado, o adônis não floresceu. De algum modo, meu jardim me fez crer em Deus. Para mim, a existência de Deus não é mais uma questão de fé, mas uma certeza, uma evidência mesmo. *Deus é, logo existo*. Transformei meu tapetinho de espuma para os joelhos em meu tapete de oração. Rezo para Deus: "Eu louvo sua criação e sua beleza. Obrigado! Grazie!" Pensar é agradecer. A filosofia não é senão o amor ao belo e ao bem. O jardim é o bem mais belo, o belo supremo, *to kalon*.

17 de março de 2017

Estou passando estes dias em Seul. Queria estar perto do meu pai, que está à beira da morte.

> Manter longe as moscas
> Do rosto adormecido.
> Hoje, finalmente...

> A noite caiu e não me restou mais
> nada a fazer — mesmo que também
> me parecesse sem sentido — a não ser

> umedecer os lábios do meu pai com a
> água de um jarro ao lado de seu leito de
> enfermo.
>
> A lua do vigésimo dia brilhava pela
> janela. Todos ao redor, na vizinhança,
> estavam em um sono profundo.
> Quando ouvi ao longe o canto do galo
> oito vezes, sua respiração ficou suave,
> tão suave que mal se podia percebê-la.
> Issa, Os últimos dias do meu pai

Hoje fui novamente à montanha sagrada de Seul, *In-Wang-San*. Faz um frio de inverno em Seul. Nenhum verde, só concreto cinza por toda parte. A caminho da montanha sagrada, onde moram deuses, deparei-me com o jasmim-de-inverno que florescia. Em pleno inverno, ele florescia em um amarelo resplandecente. Esse arbusto que floresce no inverno claramente ama as montanhas. Ele floresce predominantemente em altitudes entre 800 e 4.500 metros. Esse belo encontro de hoje me alegrou profundamente, ele me pareceu um presente dos céus. Arranquei alguns ramos e os ofereci aos deuses da montanha sagrada, aos quais ninguém mais dá atenção hoje. Mas eles *existem*. As pessoas aqui, ao contrário, divinizam o dinheiro. A Terra, o belo, o bem desapareceram e foram totalmente soterrados.

19 de março de 2017

Hoje estive de novo com meu pai moribundo. No caminho de volta, fui surpreendido por uma árvore que floresce no inverno e que até então eu não conhecia. Era um corniso asiático, *Sansuyu*, nativo da China, da Coreia e do Japão. Sua flor se parece com a flor do viburno perfumado. Arranquei um ramo. Depois, fui mais uma vez ao templo budista da montanha sagrada In-Wang-San e ofereci a flor ao Buda. Sentei-me por muito tempo diante do Buda e o agradeci de coração pela flor. No jardim do templo, as magnólias já tinham botões. As jovens monjas budistas, *Biguni*, com quem encontrei eram puras de coração. Brinquei com os pequenos sininhos pendurados nas magnólias. Fiz uma música do silêncio com isso. Dois cães gêmeos, que pareciam muito coreanos, latiam despreocupadamente.

21 de março de 2017

Finalmente estou de volta a Berlim. Em Seul, aquele deserto infernal de concreto, senti muita falta de meu jardim de floração invernal. Em meus pensamentos, estive sempre nele.

É espantoso que a casa para a qual me mudei recentemente tenha um pátio interior onde há, justamente, vários arbustos velhos de viburno perfumado. No ano passado, ele floresceu já em dezembro. Seu aroma é magnífico. O pátio interior estava completamente impregnado dele. Este ano, ele floresceu apenas em março. Ele floresce para o meu deleite.

2 de abril de 2017

Florescem cabeças-de-cobra, pessegueiros, abrunheiros-de-jardim e narcisos brancos. Os borrazeiros atraem um enxame de abelhas. Este ano, as camélias não sofreram nenhum dano devido às geadas. As urzes-de-inverno continuam florescendo de modo vivaz. As cerejeiras-de-inverno florescem esplendorosamente. O não-me-esqueças resplandece azul na sombra. A saxífraga *Kabschia* floresce escondida junto aos arbustos de lavanda, que também permanecem verdes no inverno. A daphne floresce solitária junto ao abrunheiro-de-jardim de um rosa resplandecente. Este ano, as rosas-de-natal vermelhas estão florescendo. No ano passado, não deram nenhuma flor. Elas claramente descansaram e reuniram forças.

5 de abril de 2017

Estava passeando e senti um cheiro magnífico vindo de um restaurante italiano. Em um grande vaso de flores havia um arbusto com um perfume maravilhoso. Eu não o conhecia. Um cliente que estava ao lado do arbusto me disse que ele se chamava "árvore de cerveja". O dono do restaurante, que deve ter ficado constrangido por não saber me dizer o nome, disse que, em italiano, a árvore se chamava *Nastro Azzurro*. Em casa, procurei por uma árvore chamada *Nastro Azzurro*. Em vez de árvores, apareceu na tela a cerveja italiana *Nastro Azzurro*.

Por muito tempo tentei identificar a árvore cheirosa. Sua flor, que parecia uma mão de criança, me auxiliou em sua identificação. Ela é uma espécie de espinheiro branco. Para mim, ela continua se chamando *Nastro Azzurro*.

9 de abril de 2017

A magnólia-estrela, *Magnolia stellata*, tem um brilho de um branco magnífico. A rosa do Japão resplandece amarela. As cabeças-de-cobra enfeitiçam a parte ensombrada do meu jardim. Os rododendros pré-primaveris florescem em rosa. As rosas desabrocham. Sua folhagem tem um belo brilho. Este ano, elas terão uma floração magnífica. Afinal, as rosas são muito ávidas por florescer. Espero ansiosamente sobretudo pela rosa azul *Novalis*.

15 de abril de 2017

A cerejeira e a mirabela florescem magnificamente. Suas flores se assemelham. Elas iluminam, ou melhor, redimem a ainda fria noite de abril. As ameixas mirabelle estavam deliciosas no ano passado, com um sabor terroso, nobre e doce. As tulipas florescem além da cerca do jardim. São fiéis a suas flores e possuem força de floração. Florescem infalível e incansavelmente. Os açafrões-do-prado possuem folhas de um verde forte, mas que no verão já murcham e caem para gerarem suas flores magníficas no inverno. A macieira tem botões avermelhados, mas que ficam brancos ao abrir.

23 de abril de 2017

Noite extremamente fria. Apesar da geada tardia, nem uma única planta, nem uma única flor do meu jardim morreu de frio, o que parece um milagre. Eu as aqueci com o meu amor. Amor é calor, calor do coração, capaz de desafiar a mais severa geada.

2 de maio de 2017

O lilás floresce pela primeira vez, roxo. Ele tem um perfume discreto e nobre. A macieira também está florescendo. O alvorecer já começa meia hora antes do nascer do sol. O Lago Schlachtensee, perto do qual se encontra o meu jardim, reluz em um cinza avermelhado no início da manhã.

9 de maio de 2017

Encontro-me em plena eleição presidencial da Coreia do Sul. Por esse motivo, escrevi para uma jornalista:

> Infelizmente, o novo presidente coreano se chama Moon Jae-in. 文在寅. 在 significa "existente". 寅 significa, entre outras coisas, tigre. Ele sabe rugir muito bem. Meu candidato favorito, Ahn Cheol-sool, não sabe rugir. Mas ele sabe refletir. Afinal, seu nome significa: luz magnífica. Ahn significa, além disso, paz. Já dizia Adorno: "Quando as linhas de nosso destino se emaranham em uma rede inextricável, os nomes são sempre os selos que são estampados na disposição das linhas (...) colocando-nos diante de iniciais que não entendemos, mas às quais obedecemos".
>
> Moon dividirá a Coreia. Monn-jae também significa "problema" em coreano. Criança-problema significa,

em coreano, Moon-jae-a 問題 児.
Moon Jae-in não conseguirá resolver
os problemas 問題 urgentes da Coreia.
Ele mesmo é um problema. Moon-
jae 問題. Dizem que ele não queria
realmente ser presidente. Ele foi levado
a isso pelo seu partido, já que trabalhou
com o ex-presidente Roh Moo-hyun.
Este último eu estimo muito. Moon
não tem envergadura. Depois de sua
vitória, ele fez troça de Ahn Cheol-
soo com um gesto. Este quis estar
próximo das pessoas nos últimos dias
antes da eleição. Ele foi a pé pela nação
com uma mochila e tênis. Isso me
comoveu muito. Teria andado com
ele e o ajudado com minhas palavras.
Depois de sua derrota, comuniquei a
Ahn Cheol-soo, por meio de jornalistas
coreanos, que eu estaria ao seu lado
e falaria e gritaria por ele na próxima
eleição presidencial. Ele mesmo não
consegue gritar muito bem. Ele parece
um tipo pacífico e que fala baixo.

Esta eleição presidencial foi um
processo muito complexo. O Ocidente
o simplificou reduzindo-a à tensão
entre Coreia do Norte e Estados
Unidos. Os correspondentes alemães

na Ásia sequer dominam a língua dos países em que atuam. Assim, eles leem, por exemplo, a Yonhap News Agency, aliada ao governo, ou têm intérpretes que, no entanto, não falam bem alemão. Por isso, os relatos são pobres, quando não falseadores. Eles relatam, por exemplo: Monn daria continuidade à "Política do Sol" de Kim Dae-jung. Mas, precisamente durante essa política do Sol, a Coreia do Norte intensificou o trabalho com bombas atômicas e mísseis. Provavelmente com os recursos que Kim enviou para a Coreia do Norte. Dizem que, de certa forma, seu Prêmio Nobel da Paz foi comprado com muito dinheiro. O verdadeiro problema não são os Kims da Coreia do Norte, mas os Estados Unidos.

Durante as eleições presidenciais, as ipomeias no jardim dos pais de Ahn Cheol-soo teriam florescido magnificamente. Ahn falou da "boa mensagem das flores". Ipomeia, em coreano, é 나팔꽃. Elas prometem coisas boas. Ahn Cheol-soo talvez tenha sido também o candidato favorito das flores. Eu amo ipomeias, sobretudo as azuis. Elas se abrem no

> crepúsculo e florescem até o fim do
> outono.
>
> Saudações florais do meu jardim, que, apesar do frio, floresce magnificamente neste momento.

Ipomeias significam não apenas boas notícias, mas também amor perdido e fidelidade. Há uma lenda por trás da flor da fidelidade. Um famoso pintor teria tido uma belíssima mulher. Sua fama chegou também ao príncipe. Ele decidiu roubar a mulher do pintor. Ele o acusou de um crime e o colocou na prisão. O pintor enlouqueceu de saudade da sua amada. Posteriormente, ele se trancou em sua casa e pintou um quadro após o outro, até que, um dia, faleceu ao lado de seus quadros. Ele apareceu à sua amada em um sonho. Quando ela abriu a janela com a esperança de ver seu amado, viu, diante de sua casa, uma ipomeia.

14 de maio de 2017

Hoje me machuquei arrancando ervas daninhas. Fiquei com um arranhão em forma de coração na palma da minha mão direita. Está doendo muito. Mas eu também machuquei a "erva daninha". Eu a feri ao arrancá-la. No fim das contas, como jardineiro, preciso garantir que nada viceje no jardim. Acho algumas margaridas bonitas. Eu não as removerei do jardim. Mas tenho uma aversão a certas plantas, que são muito destrutivas e sem consideração. Elas suplantam as plantas mais nobres, mas que são, justamente por isso, mais fracas. Eu odeio especialmente uma variedade de trevo. Ele aparece para mim até em sonhos ou em devaneios e me atormenta. Ele é indestrutível. Ele se prolifera até dominar tudo. Prolifera-se como câncer de pele. Não basta retirar suas folhas da superfície. É preciso arrancar suas raízes. Um trabalho muito cansativo.

18 de maio de 2017

O rododendro está florescendo pela primeira vez. Hoje cuidei de rosas doentes. As folhas se enrolam. As culpadas são as larvas das vespas de rosas. A bela árvore *Cornus* foi plantada por mim. Fiquei de novo no jardim até o alvorecer. As incontáveis flores do tojo, de um amarelo resplandecente, clareiam a noite e me alegram.

26 de maio de 2017

Um magnífico dia de verão. As rosas começam a florescer. Estou mergulhado no calor animador da luz.

Por que as rosas têm espinhos? Afinal, já não tocamos em belas rosas por reverência. Aproximo-me delas com muita devoção e me curvo sobre elas cheio de admiração e respeito. Nunca quereria tocá-las. Sua beleza demanda distância.

> Da viagem exausto...
> Em vez de buscar um teto,
> Aí, as glicínias!
> *Matsuo Bashô*

8 de junho de 2017

As rosas florescem como que embriagadas. Alguns ramos ficam muito caídos, curvados pelas flores pesadas. Uma papoula floresce na entrada do jardim. Este ano, tenho muitas papoulas no jardim. Particularmente encantadora é a papoula negra e cheia *Papaver paeoniflorum*. Os lírios amarelos voltam a florescer infalivelmente. Eles são muito ávidos por florescer. A madressilva floresce violeta. Sua flor possui uma graça brincalhona.

12 de junho de 2017

As hostas florescem. Elas me alegram e me embriagam. Por outro lado, a angélica-branca ainda não floresceu. São tão belas as diferentes folhas de hostas. Na verdade, elas são mais bonitas do que suas flores, que são muito modestas.

14 de junho de 2017

Removi o salgueiro morto do jardim. Amaldiçoei de novo quase fervorosamente o maldoso roedor que matou a mais bela árvore, minha amada. Foi um assassinato brutal.

17 de junho de 2017

Um dia fresco de verão. Não gosto de calor. As astilbes resplandecem. As flores da erva-de-são-João brilham amarelas. Limpei os canteiros de flores retirando as ervas daninhas. Assim eles ganham em forma.

19 de junho de 2017

O Lago Wannsee brilha em um azul-escuro nas noites de verão. A delfim violeta se sobressai e supera até as rosas. A noite é muito curta nesta época. E nunca fica completamente escura. Sempre se pode ver um brilho de luz em algum lugar no vasto horizonte. É bela essa noite clara. Eu colhi as cerejas. Elas têm um gosto solar. Os morangos vermelho-escuros estão deliciosos – ao contrário dos morangos que se compra no mercado.

A embriaguez noturna das flores me traz muita felicidade. Hoje, em pleno verão, tomei um banho quente com ninfeias-brancas muito cheirosas. A hortênsia sargentiana está com botões pela primeira vez. Ela esteve doente por dois anos. Eu cuidei dela com muito amor. Agora ela retribui meu amor.

21 de junho de 2017

Hoje vi pela primeira vez oliveiras florescerem, não na Itália, mas em Berlim, em um restaurante italiano na minha vizinhança. Elas florescem em Schöneberg, inclusive na colina de Schöneberg. Elas ficam em vasos na frente do restaurante. Elas não sobreviveriam ao inverno frio e rigoroso de Berlim do lado de fora. As flores de oliveira são muito pequenas. Elas se assemelham às flores férteis das hortênsias e formam, como essas, uma umbela. A massa com cogumelos estava deliciosa. As azeitonas italianas verde-claras na salada também.

25 de junho de 2017

Hoje revesti a mirabela com uma rede. Eu queria proteger as deliciosas ameixas dos pássaros. Há dois anos, eles devoraram incansavelmente as uvas que, na verdade, eu queria observar em seu longo amadurecimento. Eles eram muito vorazes ou ávidos pelas bagas. Mas, curiosamente, todas as frutas permaneceram intocadas este ano. Os pássaros não vieram. Por outro lado, isso me deixou muito triste e inquieto. Venham, por fim, minhas aves, aqui estão suas deliciosas bagas! Também apareceram poucas abelhas este ano. Eu realmente espero que a budleia floresça em breve e atraia novamente belas borboletas. Ela chegou a um metro de altura este ano. Os lírios-de-um-dia crescem esplendorosamente. Suas flores amarelas e vermelhas *resplandecem*. Sim, *resplandecer* é o verbo adequado para os lírios-de-um-dia florescentes. Rosas não resplandecem. Elas exigem um outro verbo. Elas também não irradiam. Radiantes são as anêmonas ou as sempre-vivas. E as rosas? Elas também não brilham, pois elas se contêm um pouco. Rosas são reservadas. Nisso consiste seu esplendor. *Rosas rosam. Rosar* é o seu verbo.

Rilke amava rosas e anjos. Meu jardim tem muitas rosas. Com ternura, elas permitem que meus olhos sejam desapegados. E, na entrada do jardim, há duas estátuas de anjo. Protegem meu jardim de rosas. Rilke fez muitos poemas sobre rosas:

> Rosa, ó pura contradição, prazer
> de ser o sono de ninguém sob tantas
> pálpebras (Rilke, 2012, p. 199).

> Noite de rosas, noite de muitas muitas
> claras rosas, clara noite de rosas,
> sono das mil pálpebras de rosas,
> claro sono de rosas, sou eu teu
> dormente.
> Claro dormente dos teus aromas;
> profundo
> Dormente das tuas frescas intimidades.

> E então, como isto: que um sentimento
> surja
> porque pétalas tocam pétalas?
> E isto: que alguém se abra como uma
> pálpebra,
> e por baixo não jazam nada senão
> pálpebras,
> fechadas, como se, dez vezes
> dormentes,
> tivessem de sufocar uma visão interior.

Esses dias tenho amado esses versos sobre rosas, porque não tenho conseguido dormir bem e anseio por um sono profundo, mas iluminado, por um *sono de rosas*. Eu gostaria de adormecer até me tornar ninguém, sem nome. Isso seria uma redenção. Hoje ocupamo-nos apenas com o ego. Todos querem ser alguém, ou seja, todos querem ser autênticos, diferentes dos outros. Assim, igualam-se uns aos outros. Sinto falta do sem nome.

Heidegger escreve na famosa *Carta sobre o humanismo*:

> Mas, se o ser humano deve novamente se encontrar na proximidade do Ser, ele deve primeiro aprender a existir no sem nome. Ele precisa reconhecer, na mesma medida, tanto a tentação da esfera pública quanto a impotência do privado. Antes de falar, o ser humano precisa se deixar ser interpelado pelo Ser novamente, sob o risco de, sob essa interpelação, ter pouco ou raramente algo a dizer.

Hoje temos coisas demais a dizer, coisas demais a comunicar, porque somos *alguém*. Desaprendemos tanto o silêncio quanto o calar-se. Meu jardim é um lugar do silêncio. No jardim, *faço silêncio*. *Escuto* como Hipérion.

> Todo o meu ser se emudece e escuta
> quando a delicada onda de ar brinca
> em torno do meu peito. Perdido no
> vasto azul, olho frequentemente para
> fora, até o éter, e para dentro, até o
> mar sagrado, e é como se um espírito
> afim abrisse seus braços para mim,
> como se a dor da solidão se dissolvesse
> na vida da divindade. Ser um com
> tudo, essa é a vida da divindade, esse é
> o céu do ser humano.

A digitalização aumenta o ruído da comunicação. Ela elimina não apenas o silêncio, mas também o tátil, o material, aromas, cores cheirosas e sobretudo a *gravidade da Terra*. Humano remete a *humus*, terra. A Terra é o nosso espaço de ressonância, que nos alegra. Se abandonamos a Terra, a felicidade nos abandona.

O analógico tem uma estreita relação com o tátil. Ele é tangível e visível. No filme sobre o quadro de Vermeer, *Moça com brinco de pérola*, há belas cenas sobre a mistura de tintas. O ator principal fica extasiado com a beleza da matéria. É magnífico ver como as tintas são produzidas e vendidas como em uma exótica loja de especiarias. É divino o cristal azul a partir do qual se produz o azul de Vermeer, o ultramarino. As tintas que Vermeer utilizava não podem ser produzidas artificialmente. As tintas eram obtidas a partir de pedras. Elas são moídas como especiarias. Também parecem comestíveis como especiarias. Pós e pastas são misturados. A consistência da matéria também é misteriosa. Ácido vínico é o nome de um pigmento feito de uvas. Também se obtém um pigmento a partir das fezes de besouros. Uma tinta parece azeite, mas é produzida com urina de touro. As tintas têm cheiro.

Em última instância, a digitalização abole a própria realidade. Ou a realidade é desrealizada, reduzindo-se a uma janela no interior do digital. Nosso campo de visão logo se assemelhará a uma tela tridimensional. Afastamo-nos cada vez mais da realidade. Para mim, meu jardim é a *realidade recuperada*.

30 de junho de 2017

Ontem caiu a chuva do século em Berlim. Berlim se transformou em uma paisagem lacustre. Fui ao jardim depois da forte chuva. Estava muito preocupado com minhas amadas. O céu ainda estava cinza. O Lago Wannsee tinha um brilho cinzento. Claramente a chuva não fez nada com minhas plantas. Ela lhes fez bem. Todas estão crescendo e florescendo esplendorosamente. As hortênsias são de tirar o fôlego de tão belas, sobretudo a hortênsia paniculata *Vanille Fraise*. O jardim me embriagou hoje com sua beleza exuberante. Ele é um luxo. Só as rosas estavam com as flores um pouco caídas. Todas as outras plantas verdejavam e floresciam esplendorosamente. As flores das hostas estão cheias. Na chuva, elas parecem tão refrescadas, revitalizadas e felizes. Elas claramente amam a chuva.

1 de julho de 2017

A hortênsia paniculata, com suas flores férteis, é encantadoramente bela. A hortênsia sargentiana floresce pela primeira vez. Ela esteve doente por dois anos. Troquei toda a terra ao seu redor e a adubei. Agora ela tem forças para florescer.

Amo plantas ombrófilas. Mas também amo rosas. Ao contrário de mim, elas amam o sol. Definitivamente não tenho uma natureza solar. Gosto de passar o tempo na sombra, na sombra clara, na luz sombreada. As hostas têm algo de misterioso, algo de insondavelmente profundo. Gosto de me identificar acima de tudo com as hostas e com as hortênsias.

10 de julho de 2017

> A clara lua crescente vigia
> Lá dos velhos pinheiros –
> As alcaparras florescem sozinhas em silêncio.

Deixei o meu amado jardim no Lago Wannsee por duas semanas para voltar à paisagem mediterrânea. *Mediterrâneo* significa, literalmente, *no meio da Terra*. Aqui estou, então, especialmente próximo à Terra. A *proximidade da Terra* traz felicidade. Mas o meio digital destrói a Terra, essa maravilhosa criação de Deus. Eu amo a ordem terrena. Não a abandonarei. Experimento um sentimento de profunda fidelidade, de profundo vínculo diante desse precioso presente de Deus. Penso que a religião não significa nada além desse profundo vínculo que é, contudo, libertador. Ser livre não significa vaguear ou não ter compromissos. Neste momento, a liberdade significa para mim *passar o tempo no jardim*.

Na entrada do jardim há uma árvore antiquíssima. Fiquei muito espantado quando vi que se tratava de uma amoreira. Até então, só conhecia amoreiras como arbustos. Por isso, essa amoreira que já tem alguns séculos possui uma *beleza estranha*. Ela me alegra muito. Sua visão já parece curativa, libertadora e redentora ao mesmo tempo. Acho que ela cresceu no Jardim do Éden junto a murtas, loureiros e caneleiras. Encontro-me, então, em plena paisagem do *Hyperion*.

Agora, sento-me o dia inteiro e a noite inteira até o alvorecer ao lado da amoreira. Ao lado dela (moro em uma encosta do Vesúvio), encontra-se uma oliveira antiquíssima. Mas a cabana é cercada de primaveras. Suas flores se assemelham muito às da hortênsia. As folhas

violetas resplandecentes, que geralmente tomamos por flores da primavera, são, na verdade, folhagem. Essas falsas flores coloridas e resplandecentes se chamam brácteas. Elas envolvem duas ou três flores brancas férteis muito pequenas. Ao contrário da hortênsia, a primavera ama o sol. Ela é quase ávida por ele. A primavera tem uma beleza encantadora, mas ela não é misteriosa. Falta-lhe a profundidade oculta. Eu amo plantas ombrófilas como hortênsias ou hostas. Acho que minhas angélicas-brancas devem estar florescendo agora, durante minha ausência.

Diante da magnífica vista do Vesúvio e do Golfo de Nápoles, bebo quase o dia inteiro o vinho tinto da região da Campânia *Lacryma Christi*, ou seja, *Lágrimas de Cristo*. Ele é o vinho do Vesúvio. Compreendo pouco a pouco a dor de Cristo. Mas também amo o vinho *Angelico* da Campânia. Ele tem um sabor angelical. Os vinhedos ficam aqui, nas encostas do vulcão. Antigamente, os monges dos mosteiros que foram construídos ali faziam a pisa das uvas para produzir o vinho. Ele tem uma profundidade que se poderia caracterizar como *sagrada*. Ao lado de minha cabana há alguns vinhedos.

> Quem, se eu gritasse, entre as legiões de Anjos
> me ouviria? E mesmo que um deles me tomasse
> inesperadamente em seu coração, aniquilar-me-ia
> sua existência demasiado forte. Pois que é o Belo
> senão o grau do Terrível que ainda suportamos
> e que admiramos porque, impassível, desdenha
> destruir-nos? Todo Anjo é terrível (Rilke, 2013).

Os ímpios napolitanos, que veem a montanha sagrada como depósito de lixo e a incendeiam, seriam severamente punidos por Deus, que os sufocaria, como em Pompeia, com cinzas negras. A punição divina é certamente cruel, mas ela cura. O Vesúvio *reinará* novamente. Sua violência é diferente da violência dos seres humanos. Ela é *purificadora*. Eu entendo a dor de Hipérion entre os gregos

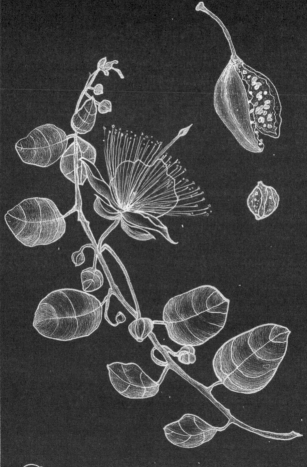

tornados ímpios. Diante do altar, recitei o poema de D'Annunzio, *Ho pergato a lungo*, essa divina canção da Terra.

Contemplar o alvorecer, a luz que volta a despertar, à beira-mar é algo que ao mesmo tempo embriaga e enche de felicidade. O Vesúvio desperta. Ele ainda está coberto em fumaça. Ele arde.

O caminho estreito que leva à minha cabana à beira-mar é cercado por alcaparras. Elas brotam do muro, por assim dizer. Flores de alcaparra são encantadoramente belas. Elas literalmente *brilham*. A dormideira também tem uma flor semelhante. Ela é tímida, seu brilho vem do seu velamento.

Alcaparrones são uma de minhas comidas favoritas. Logo os colherei e os levarei para Berlim. Eles precisam maturar em vinagre por meses.

Diante da vista do Vesúvio, tocava todos os dias as *Variações Goldberg*, de Bach. Mandei instalar um piano em minha cabana à beira-mar. É um piano da marca *Horugel*. Mas os italianos não pronunciam a consoante *h*.

O locador de pianos de Nápoles disse, no telefone, que o piano era um órgão. Repliquei que precisava de um piano, e não de um órgão. O piano tem um som aceitável. Mas falta-lhe profundidade e interioridade. Toco Bach todos os dias em meu jardim à beira-mar.

A paisagem mediterrânea é íntima. Ela me toca no que tenho de mais íntimo. O bater de asas de um pássaro negro me penetra. Toca-me profundamente. Tudo aqui é muito próximo, muito íntimo. *Intimus* é o superlativo de *inter*. Estou entre a paisagem.

12 de julho de 2017

Dei uma palestra na Itália pela primeira vez. Primeiramente, recitei em italiano uma parte do poema de Gabriele D'Annunzio, *La pioggia nel pineto* (*A chuva no pinheiral*):

> Taci. Su le soglie
> del bosco non odo
> parole che dici
> umane; ma odo
> parole più nuove
> che parlano gocciole e foglie

lontane.
Ascolta. Piove
dalle nuvole sparse.
Piove su le tamerici
salmastre ed arse,
piove su i pini
scagliosi ed irti,
piove su i mirti
divini,
su le ginestre fulgenti
di fiori accolti,
su i ginepri folti
di coccole aulenti,
piove su i nostri volti
silvani,
piove su le nostre mani
ignude,
su i nostri vestimenti
leggieri,
su i freschi pensieri
che l'anima schiude
novella,
su la favola bella
che ieri
t'illuse, che oggi m'illude,
o Ermione.

Cala. Nas soleiras
do bosque não ouço

palavras que dizes
humanas; mas ouço
palavras mais novas
que falam gotículas e folhas
distantes.
Escuta. Chove
pelas nuvens esparsas.
Chove nos tamarizes
salobres e crestados,
chove nos pinhos
escamosos e hirtos,
chove nos mirtos
divinos,
nas giestas fulgentes
de flores recolhidas,
nos zimbros fartos
de bagas olentes,
chove em nossos rostos
selvagens,
chove em nossas mãos
desnudas,
em nossas vestes
ligeiras,
nos frescos pensamentos
que a alma anuncia
nova,
sobre a fábula bela
que ontem
te iludiu, que hoje me ilude,
ó Hermíone.

Odi? La pioggia cade
su la solitaria
verdura
con un crepitío che dura
e varia nell'aria
secondo le fronde
più rade, men rade.
Ascolta. Risponde
al pianto il canto
delle cicale
che il pianto australe
non impaura,
nè il ciel cinerino.
E il pino
ha un suono, e il mirto
altro suono, e il ginepro
altro ancóra, stromenti
diversi
sotto innumerevoli dita.
E immersi
noi siam nello spirto
silvestre,
d'arborea vita viventi;
e il tuo volto ebro
è molle di pioggia
come una foglia,
e le tue chiome
auliscono come
le chiare ginestre,
o creatura terrestre

che hai nome
Ermione.

Ouves? A chuva cai
sobre o solitária
verdor
com um crepitar que perdura
e varia no ar
conforme a folhagem
mais densa, menos densa.
Escuta. Responde
ao pranto o canto
das cigarras
que o pranto austral
não assusta,
nem o céu acinzentado.
E o pinheiro
tem um som, e o mirto
outro som, e o zimbro
ainda outro, instrumentos
diversos
sob inúmeros dedos.
E imersos
nós estamos no espírito
silvestre,
uma vida arbórea vivendo;
e teu rosto embriagado
está molhado de chuva
como uma folha,

> e tuas comas
> perfumam como
> as claras giestas,
> ó criatura terrena
> que tens o nome
> de Hermíone.

Originalmente, o poema deveria ter sido recitado pelo ator principal de meu filme, *O homem que invade*. No entanto, ele não se saía bem na recitação. Hoje *cantei* o poema de D'Annunzio em italiano. Afinal, o poema é uma *canção da Terra*. Ele tem de ser *cantado*.

17 de julho de 2017

Hoje estive no Mosteiro de Santa Clara. No silencioso claustro, com maiólicas pintadas à mão, havia uma velha laranjeira. Peguei uma laranja do chão. Seu aroma é magnífico. Gostaria de levá-la para Berlim e me lembrar da terra de Nápoles. Mas os gases de exaustão dos ímpios humanos empesteiam a terra cheirosa.

Um franciscano me abençoou na catedral. Ele se chama Giuseppe. Nós nos abraçamos.

Meu nome cristão é Alberto. Muitas pessoas se chamam Alberto na Itália. Um motorista de táxi em Nápoles se chamava Alberto. Ele me disse que 7 de agosto era o dia do meu santo onomástico. Eu não deveria esquecê-lo. Na Coreia, fui batizado na igreja com o nome Alberto. A igreja católica ficava do lado da minha casa. Eu nasci no seio da fé e nela fui *abrigado*. Rezava diariamente o rosário. A freira que decorava o altar com flores sempre dava uma flor para mim e para minha irmã, que passávamos o dia sentados na escada na frente da nossa casa. Então, nós a chamávamos de irmã das flores. Era ela bela e *boa*.

Na catedral na Piazza Santa Chiara, eu estava inteiramente preenchido pelo Espírito Santo, que resplandecia luminoso no altar. Mas as pessoas aqui ou têm medo da luz ou são cegas para a luz. Os turistas tiravam *selfies* diante do altar, diante do Espírito Santo, que, na verdade, nos esvazia do si e nos torna inteiramente altruístas. O espírito é amor e reconciliação. Tentei expulsar esses turistas sem consideração. Alguns protestaram com veemência contra minha ira. Entendo Jesus, que expulsou os mercadores do templo. O dinheiro destrói o espírito. A Terra é preciosa e não pode ser comprada. Mas as pessoas a destroem por causa do dinheiro. Que infâmia!

20 de julho de 2017

É bom passear pelo jardim no alvorecer e observar as plantas. Espanto-me sempre com sua sublimidade.

Nunca gostei de heras. Afinal, elas crescem sobre túmulos e muros. Amo plantas ombrófilas, mas somente as que resplandecem luminosas. Astilbes, por exemplo, resplandecem rosas. Falta à hera, assim pensava até então, a luminosidade. No jardim à beira-mar, ela aparece sob uma luz inteiramente diferente por causa de suas flores brancas resplandecentes. Antes eu pensava que a hera tivesse apenas folhas verde-escuras e não florescesse. Hoje vi uma hera com flores e fiquei maravilhado com sua beleza. Ela resplandece. Seus botões fechados têm um tricoma com um brilho sedoso. Eu me apaixonei por ela. Amo seu brilho oculto.

Na antiguidade, a hera era um símbolo da embriaguez. Lembro-me de que a hera, no diálogo de Platão *O banquete*, é ligada à embriaguez:

> Alcibíades aparece – bêbado, com uma grinalda de hera e violeta (as insígnias de Dionísio), enfeitado com laços no cabelo, acompanhado de farristas noturnos e da flautista que havia sido dispensada no início do simpósio.

A hera é indestrutível. Mas ela também é um símbolo do amor e da fidelidade. Depois de morrerem de amor, Tristão e Isolda foram enterrados separados. Mas de seus túmulos teriam crescido gavinhas de heras, unindo-os novamente no amor. A hera tem um ritmo de vida especial, que a torna simpática para mim. Ela floresce só depois de muitos anos e continua florescendo no inverno. Sua flor atrai abelhas e borboletas. A bela *almirante vermelho*, com seu esplendor preto e vermelho, tem um amor especial por ela.

21 de julho de 2017

Os alcaparrones enrubescem subitamente e se abrem como se estivessem embriagados. As sementes são pretas em seu interior. Colhi alguns alcaparrones vermelhos e tirei as sementes do muco pegajosíssimo. Espero que germinem e brotem no muro por um verão que seja. Certamente não sobreviverão ao inverno de Berlim.

Muito longe de meu jardim, gostaria de nomear algumas plantas que ainda não mencionei: plantei, por exemplo, um viburno perfumado coreano com botões rosados, *Viburnum carlesii*. Perto dela está o pinheiro-guarda-chuva-japonês *Sciadopitys verticillata*. Após um longo período de estagnação, ele cresceu consideravelmente este ano. Seus novos brotos são verde-claros. O acônito branco, *Aconitum napellus*, também é belo. A *Potentilla fruticosa* tem uma beleza discreta. No canto ensolarado, as saxífragas crescem entre as pedras. Elas amam pedras. Saxífraga significa, literalmente, "quebra-pedra". A *Callicarpa bodinieri* chinesa tem frutas realmente belas, que brilham como pérolas roxas. Comprei o manjericão coreano, *Houttuynia cordata*, no mercado de plantas do jardim botânico. Ele tem um aroma carnudo que é único. Na verdade, em alemão ele se chama cauda de salamandra ou cauda de lagarto.

Na beira do jardim está o rododendro pré-primaveril, que, como diz o nome, floresce bem cedo. Na sombra, floresce a *Erythronium dens-canis*. Ela faz parte da família *Liliaceae*. O *Carex baldensis* que plantei ao lado da bacia de calcário é muito gracioso. Uma vez tive dois peixinhos-dourados japoneses na bacia de pedra, mas tive de soltá-los no Lago Wannsee pouco antes do inverno. Na parte sombreada do jardim resplandece o coração-sangrento, *Dicentra spectabilis*. Tenho muitas ervas no meu jardim: aspérula-odorífera, tomilho, coentro, hortelã, manjericão, salsinha. A lavanda é indestrutível. Ela continua a florescer até o fim do outono. No inverno, esfrego suas folhas entre os dedos e sinto seu cheiro. Seu perfume é muito relaxante. Também gosto do perfume da santolina, *Santolina viridis*.

23 de julho de 2017

O Vesúvio felizmente não arde mais. Ele voltou a mostrar seus claros contornos. Nado diariamente em direção ao Vesúvio. Fico feliz ao olhar para o mar e as altas e escuras montanhas no horizonte. Cubro meus pés com a areia quente e esfrego entre os dedos as pequenas conchas que estão na areia. Os lagartos se esgueiram pelo muro. Eles claramente amam a terra e o seu calor.

Hoje nadei atrás de uma gaivota com bico amarelo. Ela estava repousando tranquilamente sobre a água. Quando quis tocá-la, ela voou para longe. A gaivota é uma ave muito graciosa.

25 de julho de 2017

Estou novamente em Berlim. No meu jardim napolitano à beira-mar senti um calor divino. A velha amoreira, que em um primeiro momento pensei ser uma amoreira-silvestre, foi uma bênção que me alegrou profundamente. A estadia à beira-mar foi bela e me trouxe muita *calma*. A única coisa que perturbava a

calma aromática da natureza era o fedor penetrante do humano, demasiado humano, que jazia sobre Nápoles.

Em breve farei a conserva com os alcaparrones que colhi. No entanto, os botões, as alcaparras propriamente ditas, têm um sabor mais refinado do que os alcaparrones. Mas ambos têm o mesmo aroma.

Durante o voo de volta, tive a sensação de estar voando sobre um deserto de gelo. Nuvens isoladas que surgiam de repente pareciam *icebergs*. Assim, o voo de volta para Berlim foi um tipo especial de viagem de inverno.

Pouco antes da meia-noite, corri para o meu jardim à beira do Lago Wannsee como para uma filha amada que eu tivesse deixado sozinha por duas semanas. Eu não podia esperar até a manhã seguinte. Eu experimentava um sentimento de obrigação e amor pelo meu jardim.

Nunca havia vivenciado tamanho aguaceiro em Berlim. Chovia a cântaros, parecia uma cachoeira. Depois de duas semanas sem chuva, a chuva me fez bem. Pensei que, para

D'Annunzio, a chuva escassa devia ter um valor especial, até divino, como *Lacryma Christi*. Assim, a chuva pode ser uma bênção:

> Florestas repousam
> Riachos precipitam
> Rochas perduram
> Chuva escorre.
>
> Campos aguardam
> Fontes jorram
> Ventos habitam
> Bênção medita.

Ventos habitam? Isso não é verdade. *Ventos vagueiam*. Mas Heidegger, seu *coração*, estava bem-enraizado. Ele ama o assentamento, e não o vaguear. É um pensador greco-alemão. Zhuang Zhou, em contrapartida, ama o vaguear. Sua *canção da Terra* seria:

> Florestas descansam
> Riachos fluem
> Rochas elevam-se
> Chuva cai.
>
> Campos demoram-se
> Fontes apressam-se
> Ventos vagueiam
> Bênção terreia.

Observei minhas flores sob a chuva torrencial. A lanterna, que gosto de usar inapropriadamente como refletor para a câmera, fez com que elas parecessem ainda mais belas.

A vista das hortênsias que floresciam exuberantes me embriagou. Elas amam a chuva. Os botões da hortênsia sargentiana têm inicialmente uma forma bulbosa. Depois eles se abrem em um esplendor magnífico. Eles realmente explodem, como fogos de artifício em câmera lenta. Sua beleza é indescritível.

Cortei as rosas sob a chuva. Rosas não gostam de chuva. Eu desejo a elas muito sol. Ameixas mirabelle, maçãs e uvas amadurecem lentamente. As groselhas já estão com um sabor delicioso. Por causa da umidade contínua, alguns cogumelos grandes estão crescendo sob a mirabela. Talvez sejam venenosos, mas têm um cheiro terroso. O cheiro é reconfortante. Eu gostaria de comê-los. A angélica-branca ainda não está florescendo. Ela é de fato uma flor serôdia, mas, por outro lado, também floresce no limiar do inverno. As flores violeta das campânulas trombeteiam agudamente, por assim dizer, noite adentro. A lavanda preenche o dia chuvoso com seu perfume. A budleia também sofre agora sob a chuva. Apenas algumas poucas borboletas foram procurá-la este ano.

Hoje, eu estava tão envolvido com o mundo desagradável que perdi o eclipse lunar. Que tolice!

11 de agosto de 2017

As maçãs já estão muito maiores. As ameixas mirabelle amadurecem lentamente. É bonito de ver o seu brilho dourado reluzente. Elas têm um gosto azedo. A budleia ainda está florescendo. Uma borboleta-limão e uma borboleta-pavão repousam imóveis sobre as umbelas violeta.

Uma grande libélula cinza zumbe repentinamente em meu ouvido. Ela também esteve aqui no ano passado. Talvez seja um bom sinal. Quando era criança, apanhava libélulas com uma rede de caçar borboletas, mas depois as soltava. Eu não compreendia a violência de meus cúmplices, que as mutilavam. Eu

também gostava muito de pescar. Também soltava depois os peixes que pegava. Afinal, pescar era apenas uma meditação. Na verdade, o trabalho no jardim não é trabalho, mas uma meditação, um demorar-se no silêncio.

A angélica-branca está florescendo. Estranhamente, ela não tem cheiro este ano. Estava muito úmido? Na verdade, ela é uma flor serôdia aromática. A mil-folhas é bonita de se ver. Ela se assemelha à hortênsia. Eu não a plantei. Ela visitou meu jardim como "erva daninha" e me alegrou. Também havia outras "ervas daninhas" que, no entanto, quis deixar no meu jardim, já que são belas. Elas também não vicejam. Elas também são *solitárias*.

15 de agosto de 2017

Há flores de aparência estranha ou curiosa. No pátio interno de meu apartamento em Berlim há um arbusto com flores maravilhosas. Elas parecem uma lanterna chinesa vermelha. Em um primeiro momento, pensei que o arbusto fosse um *coração-sangrento*. Mas não é. Ele parece um abajur com quatro pequenos badalos pendurados como decoração. No jardim, tenho uma alquequenje. No outono, ela brilha vermelha ao lado das cosmos.

21 de agosto de 2017

A angélica-branca está florescendo. Eu amo essa hosta de floração tardia. O *tardio* tem um cheiro. Lírios-sapo começam a florescer. Eles também são de floração tardia. As anêmonas-do-Japão brilham brancas e rosas. O agnocasto brilha silencioso no outono. O manjericão coreano tem uma flor muito peculiar. Ela tem um *pistilo* branco em forma de pistão, com quatro brácteas brancas. Ervas frequentemente têm belas flores. Ano que vem, semearei a hortelã coreana. Diferentemente das variedades locais, ela supostamente não viceja. Eu não gosto de plantas vicejantes.

25 de agosto de 2017

Hoje é um dia úmido e frio de outono. Já *outona*. As ameixas mirabelle estão amarelo-escuro e com um sabor delicioso. Este ano há muitas ameixas. Em contrapartida, a macieira claramente não está bem. Há apenas algumas poucas maçãs. Este ano, elas estão com um sabor azedo e amargo. Claramente faltou sol para a árvore. O pinheiro-guarda-chuva-japonês ficou muito maior este ano e brilha verde-claro.

Depois de devastadores incêndios florestais, o mundo parece estar afundando em chuvas diluvianas neste momento. Os seres humanos arruínam a Terra. Agora, eles recebem a punição por sua falta de consideração e insensatez. Faz-se mais necessário do que nunca um *louvor à Terra*. Temos de preservar a Terra. Caso contrário, pereceremos por causa de nossa destruição.

> Mas onde há perigo
> Cresce também o salvador.
> *Friedrich Hölderlin*

29 de agosto de 2017

Hoje está ensolarado, mas já muito outonal. As rosas ainda estão com vontade de florescer. Elas continuam a florescer, destemidas. Eu as cortei novamente. As hortênsias trazem suas últimas flores. Elas perderam muito de sua coloração e luminosidade. Aos poucos suas flores falsas coloridas vão desbotando. Algo especialmente belo de se ver este ano é a hortênsia branca de bordas rosas, que é de floração tardia. Ela floresce meio escondida entre as hostas.

As umbelas ressecadas das hortênsias ficam especialmente belas no inverno. Elas são as mais belas flores de inverno, que me alegram durante todo o inverno. Eu aprecio sua beleza mórbida. Quando se levantam junto aos brotos de um verde intenso no início do ano, elas têm uma aparência especialmente encantadora.

Entre as flores aromáticas, a angélica-branca de floração tardia tem o melhor perfume. Nenhuma outra flor do meu jardim tem um perfume tão elegante, gracioso, reservado, nobre e fino. Gostaria de ter o cheiro dela.

3 de setembro de 2017

Por mais que algumas Suzanas dos olhos negros ainda floresçam isoladamente, os dias agora estão muito frios. O agnocasto continua a florescer com dignidade. Ele ilumina o outono. As flores mais belas no momento são o hibisco branco, que está muito alto, e as anêmonas-do-Japão. Eu as chamaria de Sempre brilhantes, *Coruscis perennis*. O hibisco tem muita graça e pureza. Como muitas belas flores, ele também vem da Ásia. Assim, meu jardim secreto é um *jardim do Extremo Oriente*. A flor de inverno chinesa *Chimonanthus praecox*, que já está no meu jardim há três anos, ainda está relutante em florescer. Ela supostamente tem um perfume encantador. Espero que ela floresça ano que vem. A *esperança* é o modo temporal do jardineiro. Assim, meu louvor à Terra se dirige à *Terra por vir*.

20 de novembro de 2017

Hoje faz um frio glacial. Chove e cai granizo. Pouco antes do alvorecer, estive novamente no jardim. A folhagem de outono já atingiu a altura do joelho. A cerejeira-de-inverno floresce quase em êxtase, como se fosse primavera. A hortênsia paniculata branca ainda está florescendo. É incrível que ela floresça neste frio de inverno. Outras hortênsias estão totalmente murchas. As rosas mantêm, quase obstinadamente, sua forma e cor. Quando a geada se deposita sobre elas, elas parecem particularmente encantadoras.

O invólucro da alquequenje está totalmente transparente agora. Através de sua armação finamente estruturada, vê-se a fruta vermelha. O todo parece uma joia preciosa. A Terra é uma artista, uma jogadora e uma sedutora. Ela é romântica. Ela me inspira um sentimento de gratidão. E ela me deu muito a pensar. Pensar é agradecer.

Quando era criança, fiz um balão com a fruta da alquequenje esvaziando-a cuidadosamente. Pode-se brincar com ela na boca e também produzir sons. Tenho um pedaço de infância no meu jardim.

A *Callicarpa bodinieri* chinesa tem pérolas violeta que reluzem no alvorecer. A Terra é bela, ou mesmo mágica. Deveríamos preservá-la, tratá-la com cuidado e até louvá-la em vez de explorá-la tão brutalmente. O belo nos obriga a cuidar. Eu aprendi e vivi isso.

Referências

Bíblia de Jerusalém. São Paulo: Paulus, 2016.

BRECHT, B. *Poemas 1913-1956*. São Paulo: Editora 34, 2012.

HEIDEGGER, M. "Construir, habitar, pensar". In: *Ensaios e conferências*. Petrópolis: Vozes, 2012.

HEIDEGGER, M. *A caminho da linguagem*. Petrópolis: Vozes, 2003.

NOVALIS. *Pólen: fragmentos, diálogos, monólogo*. São Paulo: Iluminuras, 2021.

RILKE, R.M. *Poemas*. São Paulo: Companhia das Letras, 2012.

Índice de imagens

Açafrão-do-prado, *Colchicum autumnale*, 96

Acônito-de-inverno, *Eranthis hyemalis*, 48

Agnocasto, *Vitex agnus-castus*, 108

Alcaparra, *Capparis spinosa*, 165

Amoreira, *Morus rubra*, 162

Anêmona-do-Japão, *Anemone hupehensis*, 86

Anêmona hepática, *Hepatica nobilis*, 35

Angélica-branca, *Hosta plantaginea*, 77

Camélia, *Camellia japonica*, 66

Cauda de Salamandra, *Houttuynia cordata*, 180

Cerejeira-de-inverno, *Prunus subhirtella autumnalis*, 42

Flor-de-gelo, *Flos glacialis*, 21

Flor de inverno chinesa, *Chimonanthus praecox*, 192

Hamamélis, *Hamamelis*, 58

Hortênsia paniculata, *Hydrangea paniculata*, 120

Jasmim-de-inverno, *Jasminum nudiflorum*, 12

Lírio sapo japonês, *Tricyrtis japonica*, 185

Papoula negra, *Papaver paeoniflorum*, 151

Perilla coreana, *Perilla frutescens*, 114

Primavera, *Bougainvillea*, 173

Rosa-de-natal, *Helleborus niger*, 132

Saxífraga, *Saxifraga kabschia*, 141

Sempre-viva, *Xerochrysum bracteatum*, 101

Viburno perfumado, *Viburnum bodnantense*, 27

Para ver os livros de
BYUNG-CHUL HAN

publicados pela Vozes, acesse:

livrariavozes.com.br/autores/byung-chul-han

ou use o QR CODE

Conecte-se conosco:

f facebook.com/editoravozes

◉ @editoravozes

𝕏 @editora_vozes

▶ youtube.com/editoravozes

☎ +55 24 2233-9033

www.vozes.com.br

Conheça nossas lojas:

www.livrariavozes.com.br

Belo Horizonte – Brasília – Campinas – Cuiabá – Curitiba
Fortaleza – Juiz de Fora – Petrópolis – Recife – São Paulo

EDITORA VOZES LTDA.
Rua Frei Luís, 100 – Centro – Cep 25689-900 – Petrópolis, RJ
Tel.: (24) 2233-9000 – E-mail: vendas@vozes.com.br